AF344996

La dette qui bouleversa le monde

Du même auteur

Le héros aux mains liées – (théâtre) – 2019
Ces fous qui n'ont pas tort – (poésie) – 2019

Blé Louis-Donatien KLÉ

La dette qui bouleversa le monde

(Conte)

ISBN : 978-2-37806-334-4
© GNK Éditions, Abidjan (Côte d'Ivoire), 2021

*À Michel Séatisy, Bérénice, Géraude et
Esther Yasmine ;
À Marie-Andrée Makado Gouantoué, ma bien-
aimée ;
À Koné Alain Victor, Proviseur du Lycée Classique
d'Abidjan ;
À Maître Léa Patricia Sanhiegnéné ;
À mes frères et sœurs, à Barouk et Al Golou ;
À la mémoire de Klé Benoît, mon père.*

Chapitre I

Le bonheur vint à Sinki-tinkéha

La vie coulait et s'en allait, paisiblement, à l'ombre des dix cocotiers qui ornaient l'entrée de Sinki-tinkéha. C'est là que Boin profitait du doux souffle du vent qui fécondait ses rêves de richesse et de grandeur. Depuis quelques saisons, il n'était plus le souriceau que berçaient les tendres pattes maternelles. Il était maintenant un adulte dont le corps s'était rapidement développé, les muscles ayant pris du volume. À présent il savait distinguer les déhanchements harmonieux des femmes des marches brutes des mâles. Boin était beau et attirait les regards de toute la faune.

Il avait ses terriers à Sinki-tinkéha. C'était une belle contrée qui donnait sur les rives de l'unique marigot de Dêbantouo[1]. L'air y était agréable, et le climat paisible. Tous les animaux y passaient pour aller se désaltérer aux heures chaudes de la journée.

Boin n'avait jamais touché à la houe, il n'avait même pas eu le souci de faire une plantation pour

---

[1]Dêbantouo est le nom du continent africain en langue wê, à l'Ouest de Côte d'Ivoire et à l'Est du Libéria. Le monde en langue wê est dit Dobantouo. (cf Dr. André DEAZON, *Introduction aux repères historico-culturels du peuple Wê*, Soka d'Afrique, 2014)

assurer sa survie. Comme par reconnaissance, les bovidés qui traversaient de nuit et de jour les terres de Sinki-tinkéha tondaient, pour leurs pitances quotidiennes, les herbes qui couvraient cette étendue. Les éléphants qui avaient avalé des fruits sans en broyer le noyau y laissaient leurs crottes, desquelles des arbustes ne tardaient à germer et à se multiplier. Au vol, les oiseaux lâchaient quelques graines de diverses variétés de céréales récoltées dans des pays lointains. Et bientôt les terres de Boin devinrent de vastes champs où poussèrent toutes sortes de plantes aux grains comestibles, des plantes à tubercules et de grands arbres fruitiers. La fortune lui avait souri. Les plaines et bas-fonds de Sinki-tinkéha étaient recouverts d'une abondante verdure qui annonçait une grande récolte.

Tous les matins, Boin faisait le tour de sa propriété. Avec un air joyeux, il saluait la faune assoiffée qui traversait ses terres en direction du marigot. Il recevait en retour des louanges interminables. Comme le soleil qui illumine la surface de la terre, la joie assiégeait son cœur et son visage. Il s'en réjouissait :

« Qui se met à la tâche récolte le fruit de son courage.
La sueur qui coule fait germer le bonheur.
Le fils du riche est voué à la richesse
Celui du pauvre ne peut échapper à la peine.
Au vivant appartiennent ses rêves
Mais à Dieu revient la décision finale.
Au travail succède la richesse
Mais du créateur viennent le bonheur et la prospérité »

Il ne manquait plus que les pluies pour faire mûrir les céréales et autres graines qui fourmillaient sur les jeunes plants, au bord du marigot à la saveur de lait. Boin crevait d'impatience. Il savait que les prochaines pluies lui apporteraient richesse et gloire. Ainsi ses nuits commencèrent-elles à devenir blanches et pénibles, et ses journées, longues et insupportables. Du lever au coucher du soleil, ses yeux scrutaient le ciel, espérant y voir des nuages se former et noircir la voute azurée qui couvre Dêbantouo. L'attente était aussi cruelle que les rayons de la boule de feu céleste sur le front de Boin. Mais il fallait bien attendre, malgré ses envies. Et Boin se lamentait :

> « *Le temps n'a point d'ami.*
> *Quand se lève le jour*
> *Et que reprend la course interminable du soleil,*
> *La terre entière est entraînée.*
> *Sous les flots du temps*
> *Coulent nos vies enrôlées et nos humeurs ignorées.*
> *Ici fêtent les uns,*
> *Là s'affligent les autres,*
> *Et ça et là, certains autres subissent l'insouciance.*
> *Mais le jour passera*
> *Et la nuit emportera nos forces,*
> *Les terriers couvriront nos yeux*
> *Et à l'oubli de la nuit serons-nous abandonnés.*
> *Le temps n'a point de maître*
> *Il éteint les grognements du lion*
> *Et atténue les barrissements de l'éléphant.*
> *À lui, résigné, tout obéit.* »

Droit sur deux pattes, Boin contemplait encore toutes ces plantes qui se sont rassemblées dans ses champs et comprit que la nature avait fait de lui une exception. Elle le voulait riche. Un sourire laissa transparaitre le monde paradisiaque que couvrait son ventre.

Comparativement à tous les êtres qui constituaient la faune à Dêbantouo, Boin était tout minuscule. Il jalousait bien des fois la grande taille des pachydermes, la force du buffle, l'agilité du lion, de la panthère et du léopard qui venaient étancher leur soif dans les eaux du marigot. Même le petit renard était mieux nanti que lui, par sa morphologie. La richesse sera la consolation qu'il attendait de Dieu, le créateur, pour compenser sa petitesse. Il y pensait à longueur de journée.

Un léger chicotement, dans la broussaille, le retira de ses rêves. Wli, la petite musaraigne au corps somptueux et à la bouche majestueusement rallongée passait. Elle allait se désaltérer au marigot, déambulant pour laisser danser son petit bassin. Boin l'admira longtemps en silence puis se frotta les mains. C'est elle qu'il voulait comme épouse. Wli était la princesse de ses rêves et son cœur s'enflait de désirs quand il pensait à elle. Il murmurait encore pendant qu'elle s'éloignait :

« À un prince, il faut une princesse !
Celui qui a fait les êtres n'a pas manqué de
science Celui qui les a façonnés, a un savoir
imbattable.
À notre destinée répond notre corps.
Si celui du mâle est raide et laid

C'est parce qu'il ne doit pas plaire ;
Si celui de la femelle est beau et arrondi
C'est parce qu'il doit séduire

Si les êtres n'étaient que des mâles
Le bonheur aurait manqué au monde.
Par des pleurs l'on découvre le monde ;
Ce ne sont pas des larmes de joie qu'il verse
Mais elles traduisent peine et amertume.
Puis par son inégalable génie,
La femme éponge sa souffrance.
C'est encore en elle que, devenu adulte,
Il puisera le bonheur de sa vie ».

Chapitre II

Boin s'endette

La lune venait d'achever sa traditionnelle corvée nocturne. Lente mais sûre de sa marche, elle avait traversé Sinki-tinkéha de bout à bout et avait disparu à l'autre rive du marigot dans lequel elle avait semblé se mirer et se désaltérer avant de fondre dans le ventre de la terre. Boin n'avait pas fermé les yeux de toute la nuit. Il n'avait même pas voulu se protéger dans son terrier, contre les vents de nuit et la brume de l'aube. Adossé à un cocotier, il suivait du regard la lune depuis le crépuscule jusqu'aux lointains chants du coq de Dêbantouo.

Au cœur de la lune, il avait vu se former toutes les images qui défilaient dans sa tête. Il s'était vu à ses noces, applaudi par toute la gent de rongeurs. Il avait vu aussi des oiseaux le transporter sur leurs ailes, pour un voyage au-dessus des nuages. Et la joie inondait son cœur, puis s'évanouissait pour faire place à l'impatience maladive, son compagnon qui ne le quittait plus depuis quelque temps.

Cette nuit, une pensée assiégea et tortura son esprit. Elle lui commanda de défier le temps. Il ne devait plus attendre encore longtemps. Et Boin ne voulut plus compter les soleils et les lunes qui naissaient et mourraient sans jamais accoucher de la pluie. Il ne souhaitait plus se soumettre aux humeurs de ce ciel infertile qui demeurait toujours limpide quand venait le jour et toujours limpide quand venait la nuit. Il brûlait d'impatience, la rage enflait dans son cœur.

Enfin, le coq chanta et le soleil commençait à jeter ses premiers rayons sur Sinki-tinkéha. Boin ne put attendre plus longtemps pour fondre dans la brousse. Il fila tout droit à Goawloh, emprunter des graines d'arachide au chat, reconnu pour sa sobriété légendaire. Le chat n'avait pas fait fortune la saison dernière, mais il était prudent dans la gestion. Il mangeait très peu et, tout naturellement, déféquait rarement. Il planifiait ; il gaspillait moins et ses greniers ne désemplissaient pas aussi facilement que ceux des autres peuplades de Dêbantouo.

La route était longue et difficilement praticable. Boin n'avait pas attendu que des animaux plus gros, en venant boire au marigot, nettoient la rosée sur les plantes. Son corps était trempé, il grelottait mais ne rebroussa point chemin. Puis au bout d'intenses efforts, il arriva enfin :

« Que le soleil soit moins ardent sur ta belle tête de gentil félin, salua Boin à son arrivée.

— Que ton corps reprenne les forces perdues dans la marche ! Boin, je suis ravi de te voir ce matin. La soif m'a conduit dans le sentier du marigot et j'ai traversé tes champs. Les fleurs décorent ta propriété et annoncent ta fortune prochaine. Tous les êtres de Dêbantouo t'envient tant et si bien que toutes les retrouvailles au marigot sont des occasions pour parler de toi. Notre monde ne nous juge qu'à l'aune de nos biens. La fortune t'a élu cette année, la renommée suivra.

— Regarde bien le ventre de ce ciel stérile ; scrute-le très bien. Pourra-t-il un jour engendrer des pluies pour faire mûrir les graines et donner la forme aux tubercules ? demanda Boin.

— La patience a-t-elle quitté ton cœur ? Nous sommes maîtres du temps, nous l'avons toujours à l'usure. Quand au jour vient le soleil pour nous brûler les poils, le soir tombé, nous le chassons derrière les monts. Et quand la pluie quitte Dêbantouo, la saison venue, nous la contraignons, par nos vœux, à inonder nos terres. Jamais elle ne peut nous fuir pour toujours. Sois patient Boin, la bonne saison viendra dans deux lunes et tes greniers seront fournis.

Boin n'était vraiment pas là pour écouter les conseils du chat. Il lui faut donc aborder l'objet de sa visite. Il reprit :

— Mon cher ami, les termites sont minuscules mais habiles dans la construction de grands édifices. De toutes les créatures de Dieu, elles ne sont comparables qu'à Zingblôh, l'humain, qui réussit à se bâtir un logis de bois et de terre pour abriter les siens et ses biens. Les termites en font autant. Elles sont si habiles qu'elles construisent des termitières, grandes et solides, contre lesquelles les orages et les tempêtes butent.

— Elles sont aussi unies que l'arbre et l'écorce, répondit le chat. Leur succès réside à la fois dans leur patience et dans leur solidarité.

— Je veux qu'elles me bâtissent une grosse termitière qui me servira de grenier pour la moisson prochaine. Mes biens seront alors protégés comme l'oiseau dans le creux de l'arbre.

— C'est bien pensé Boin, je comprends que tu as mûri, tu n'es plus le souriceau d'hier. Tes réflexions sont celles d'un adulte qui a vécu cent pluies.

Et nos deux amis communièrent en rires.

— Je voudrais t'emprunter quelques graines d'arachide pour louer les services des termites. Quand la saison sera venue, je te rembourserai, dit timidement Boin, en se grattant la tête.

— Mes greniers n'ont point débordé la saison passée. La récolte fut moins abondante que celle des autres saisons. Mais, faire face aux besoins des autres n'a rien de comparable. La richesse n'est utile que lorsqu'on est au service de ses semblables. Ce soleil m'est témoin, avant qu'il ne soit couché pour faire place à la nuit, je rassemblerai les graines d'arachide que tu as demandées. Rentre et reviens au prochain chant du coq ».

Le trajet du retour fut avalé en peu de temps. La joie découlant de la promesse du chat décuplait ses forces. Il s'en était allé à sauts démesurés comme une gazelle prise en course par un prédateur.

Le chat n'était pas un de ces vantards prolixes en fausses promesses. Boin rentra donc rassuré. Puis vint la nuit. Puis vint, au cœur de Sinki-tinkéha, le ballet endiablé des lucioles. Boin observait les figures illuminées que traçaient ces petits insectes dans l'obscurité. Une fois encore, Boin ne put s'endormir. Et les lucioles s'évanouirent pour laisser à nouveau la place au règne des ténèbres.

Boin demeura méditatif :

« Monde obscur !
Foyer des êtres maléfiques revenant de l'au-delà,
De ton ombre tu as couvert Dêbantouo
Et sa lumière s'est muée en ténèbres.
En mal tu as converti les vertus de ses fils
Et se perpétuent peines et afflictions,
Et se perpétuent mal et folie

À quand l'aurore ?
À quand l'aube de l'espoir ?
À quand le jour de gloire qui ôtera nos calamités ?»

Le jour se leva enfin. Boin se précipita chez le chat qui, connaissant l'impatience de son visiteur, l'attendait avec un panier de graines d'arachide. Mais avant de le lui remettre, il prit soin de le prévenir en ces termes : «Nous sommes à deux lunes des prochaines moissons, c'est une période difficile à vivre pour tous. Prêter en ces temps de vache maigre, relève d'un véritable don de soi. D'autres avis auraient été contraires à mon acte. Je te supplie d'être prompte au remboursement. Quand viendra la moisson, paie ta dette et sauve ta noblesse. »

Boin n'avait d'yeux que pour le panier de graines d'arachide, et quand il l'eut porté, il se dirigea tout droit chez Wli, la musaraigne. Il ne sentit point le poids de sa charge. Les difficultés du trajet n'eurent pas non plus raison de son humeur; et de tout son orgueil de rongeur enchanté, il se mit à chanter :

« Que plie le monde, son maître est né.
Que viennent danser et chanter
Ceux qui en ont l'art dans les veines
Que se taisent calomnies et médisance.
Boin arrive, grand de fureur et de rage
Pour savourer sa revanche sur la vie.
Quand la misère de la galerie paternelle
Et l'ombre de l'indigence m'avaient recouvert,
Et que la pauvreté poussait mes géniteurs à de
puériles querelles,
De honte je me cachais.
Que le monde plie, son maître est né.
Je lui dicterai sa marche.
À mes ordres brilleront le soleil, la lune et les étoiles »

Boin avait encore en tête les paroles du chat :
« notre monde ne nous juge qu'à l'aune de nos biens ».
Conscient de cette difficile période d'avant moissons, il
estimait la grande considération qu'il récoltera de son
geste quand il donnera la moitié du panier d'arachides
à celle qu'il aimait.

La belle musaraigne dut interrompre sa grâce
matinée pour recevoir son visiteur qui fit fi des
politesses habituelles pour s'enivrer en chanson :
« Wli, tu es une princesse
Au fond de mon cœur rayonne ton beau royaume.
Ton visage majestueux dévore mes nuits
Et ton amour coule dans mes veines
Comme coulent paisiblement dans leur lit, les eaux
du Nicla. Magnifiques sont les yeux que tu portes
sur le front

Majestueuse est ta démarche.
Mon cœur serait dans une félicité intense,
Si tout près de moi, tu venais te servir dans mon panier.
Tu y trouveras ta pitance pour deux lunes, ».

Wli sourit et s'abandonna à vider le panier de son généreux donateur, ne lui laissant que quelques graines chétives et pourrissantes. Boin rentra tout heureux, il avait gagné le sourire enchanté de Wli, peu importe le prix.

Et les jours passaient, le soleil se levait à l'appel de Gobioh le coq, brûlait les peuples de Dêbantouo avant de se réfugier derrière les montagnes, sans doute par peur d'être visé par une flèche de chasseurs. Mais l'insupportable chaleur n'était plus un obstacle pour Boin. Il devançait le jour et allait se mettre à l'œuvre chez les parents de Wli, qui n'hésitaient pas à lui confier désormais toutes les tâches quotidiennes. C'était la règle, le prétendant gagnait le cœur de son beau-père par les travaux qu'il faisait dans les champs de celui-ci. Au bout d'une lune, l'on célébra les noces de ces deux compagnons.

Chapitre III

Quand arrive la fortune, arrive aussi la folie

Boin n'avait plus rien d'un souriceau. La présence de Wli à ses côtés l'avait grandi. Il savait que cette année, il avait rendez-vous avec la fortune, quand le ciel donnera sa caution. Son esprit voguait alors sur les airs comme un papillon dans un champ fleuri. Puis une nuit, lorsqu'il s'endormait profondément, les eaux sortirent des fûts célestes et comblèrent ses rêves. Il jubila à son réveil :

Dêbantouo, terre de richesses inestimables !
De grands biens Dieu t'a pourvue.
Quand le soleil fend tes sols
La pluie vient à point pour panser
Et quand la pluie inonde tes terres
Le soleil vient pour les essorer.
Dêbantouo, mère de fils valides !
Sous la chaleur de ton vigoureux soleil
Tes fils affrontent une nature marâtre
De laquelle leur détermination a toujours raison

Les pluies avaient engraissé la flore. Des jours durant, il tomba la quantité d'eau nécessaire pour faire la joie de Boin. Lumineuses comme de petites étoiles, les graines murissaient sur l'étendue de ses champs et donnaient à la nature un plaisant visage. Les tubercules prenaient du volume dans le ventre de la terre et lézardaient le sol comme des serpenteaux sortant des œufs. Sur les arbustes, des fruits prenaient la couleur et la forme de la maturité.

L'âme baignant dans les nuées du bonheur, Boin exultait encore et sa voix perça le silence de la brousse pour extérioriser son sublime bonheur :

« *Sinki-tinkéha* ! *Contrée de providence* !
La fortune vous embrasse selon vos rêves.
Le soleil réchauffe vos corps tiédis
Et la pluie vous purifie de votre trouble.
Quand vos mains auraient été faibles,
Tout votre champ se cultive de lui-même.
Quand votre dos serait resté raide,
La providence vous laboure la terre.
Sinki-tinkeha, contrée où pousse le bonheur !
La prospérité t'assiège comme des mouches sur le lait.
Sinki-tinkeha, que tes fils sont beaux et tes filles,
belles ! »

Boin se tut et pensa à toutes les beautés dont regorge Dêbantouo. Il savait qu'on le jugerait désormais sur la base de sa richesse.

Les pluies étant venues, la fortune arriva aussi. Mais la fortune fit route avec la folie. Et toutes les deux logèrent à Sinki-tinkeha. Boin les reçues, les aima et les embrassa. La fortune lui donna la gloire et la folie lui ôta le bon sens, faisant germer dans son cœur des désirs et des envies démesurés. Riche et insensé, Boin chargea Dêbantouo. Il en convoita toutes les beautés, toutes tailles et toutes espèces confondues.

Dès les premières récoltes, il convola en secondes noces avec Zbêhi-Koyri, la dernière fille du vieux cobaye. Il l'avait convoitée depuis toujours. C'était la blanche dont son cœur avait rêvé. On ne compta pas les dons qu'il fit à sa famille. Mil, maïs, riz et autres céréales avaient rempli les corbeilles que les fourmis, payées pour la tâche, convoyèrent par dizaines à la galerie des cobayes. Les graines d'arachide et les tubercules d'igname, de tarot et de patate douce avaient été aussi affrétés.

Boin était riche et sa richesse jamais égalée sous le soleil lui donnait le courage et la beauté d'un vrai conquérant. À ses femmes il ajouta d'autres conquêtes. Des rats lui avaient creusé des terriers à proximité de la rive gauche du Douhi. Leur salaire ne se discutait pas, Boin avait suffisamment de quoi payer.

Les plus belles d'entre les filles des animaux de Dêbantouo qui venaient s'abreuver au marigot étaient passées dans sa couche. Il avait multiplié conquêtes et ennemis. Mais que peuvent des ennemis devant le courage du riche Boin.

On fêta, de jour et de nuit à l'abri des dix cocotiers qui ornaient l'entrée de Sinki-tinkeha. Et les terriers de Boin ne désemplissaient point. C'étaient des sanctuaires souterrains servant de lieu de pèlerinage pour les plus belles femelles de la faune.

Et ses champs se vidèrent. Les mains qui n'ont point arraché, ne peuvent pas garder. La fortune de Boin n'avait pas été le fruit de l'ouvrage de ses mains et ses mains n'avaient pu la conserver.

Chapitre IV

Boin vit ses remords

Une lune passa. Boin ne s'était pas fait bâtir de termitière pour conserver sa récolte. Comme une terre de sable que les eaux de pluie érodaient sans peine, sa richesse avait fondu et disparu. Ses greniers étaient vides et les pluies s'étaient arrêtées. Seuls les derniers épis qui n'avaient pas mûri au même moment que les autres s'agitaient dans ses champs, représentant pour lui l'ultime espoir de sauver une année de vivres. Ce sera la petite saison des moissons. Ensuite la verdure qui s'étendait de Sinki-tinkéha aux rives du marigot sera ménopausée. Et raides comme des jambes de girafes, les plants de vivres ne porteront plus d'épis.

Le soleil avait parcouru la moitié de son trajet quotidien quand, par les pas souples qu'on lui reconnait, Djoué le chat franchit le seuil des dix cocotiers.

« Que le soleil nous apporte le bonheur ! salua-t-il.

— Sois salué, honorable visiteur. Je pensais justement à toi. As-tu bien marché ?

— La route a été longue, mais il valait la peine de faire le trajet quand on doit saluer un ami pour qui on a de l'affection.

Cette réplique du chat s'acheva dans une hilarité générale. Et il poursuivit :

— La récolte a-t-elle été bonne cette année ?

— Oui, excellente, répondit Boin. J'ai rempli mes termitières de vivres, mes greniers débordent et je ne sais où entreposer les fruits de la petite saison. Regarde mes champs, les graines qui tardaient à murir sont quasiment prêtes. Quand je moissonnerai à nouveau, j'affréterai ta malle.

Le chat contempla encore les champs de Boin. Il s'étonna de voir autant de fruits, graines et céréales disponibles pour la petite moisson. Il n'ajouta rien et repartit. Si sa langue ne s'était pas déliée, son cœur, en revanche, est resté bavard sur le chemin du retour :

« Quel était ton dessein, ô *Dieu* ?
Tu nous as faits si différents.
Les uns sont forgés avec plus de matières
Ils dominent par leur masse. Aux autres tu as
donné plus de biens
Et leur bourse est bien fournie.
Quand ici brûle le soleil
Là, pluie et fraicheur sévissent.
Tu as rendu fécondes les terres de Sinki-tinkéha
Et prospère Boin qui en est le maître.
Mes terres à moi sont sèches et arides
À mes multiples efforts ne répondent que quelques
graines
Quel était ton dessein, ô Dieu !
Pour que si différents nous soyons ? »

Mais Boin n'avait pas été conseillé par les erreurs de la grande moisson. Il s'était à nouveau mis aux trousses de toutes les beautés de Dêbantouo et avait poursuivi ses penchants. À ses anciennes conquêtes, il ajouta les amantes qu'il se fit en grand nombre, de l'Est à l'Ouest. Sinki-tinkéha se raviva et sous les dix cocotiers, Boin organisa, à nouveau, festin sur festin. Pour lui, les meilleures cantatrices de la faune avaient composé les plus belles chansons et l'on mangea et but en son honneur. Plus qu'un roi, les hommages affluèrent et rassasièrent son orgueil. Aux yeux de tous, il redevint plus beau et plus sage.

Et les soirs, lorsque la légère brise vespérale soufflait pour chasser la chaleur distillée toute la journée par le soleil, Boin faisait sa toilette et s'en allait, guidé par ses désirs, sifflotant dans les plaines de Dêbantouo :

> *« Wlô zanhio, amou wlô zanhi doh man mouho!*
> *Au cœur des forêts et sur les sommets des monts*
> *M'emportent ma joie de vivre et ma gaieté de*
> *richesse.*
> *Quand la prison des galeries souterraines devient*
> *un poison*
> *La liberté de la nature en est l'antidote.*
> *Quand la monotonie d'un seul visage intoxique*
> *mon quotidien*
> *Les sourires de toutes les reines de*
> *Dêbantouo me redonnent la vie. »*

Et, loin de Sinki-tinkéha, Boin s'en allait, où, au détour des gros arbres qui remplissaient le paysage de Dêbantouo, l'attendaient, aussi belles les unes que les autres, les femelles de toutes espèces d'animaux, parées des fleurs les plus splendides et des senteurs les plus envoutantes. De leurs parfums, il s'enivrait et dans leur beauté il se mirait.

Puis les fruits de ses champs s'évaporaient comme de la poudre sous l'effet du vent. Alors, lâché par la fortune, Boin se rangea, naturellement.

C'en était fait, la saison des moissons était passée. Elle avait laissé Boin comme elle l'avait trouvé : fauché et endetté. Il ne lui restait plus qu'à se mettre à la disposition de ses deux femmes pour bénéficier de leurs largesses d'épouses vertueuses.

Or, c'est généralement à cette période de l'année que la faune festoyait. On avait glané graines et céréales, on avait déterré tubercules et cueilli maints fruits. Chez toutes les espèces, les greniers étaient pleins pour une année. Les fêtes suivaient. Mais Boin, aussi démuni qu'un ver de terre, se recroquevilla dans son terrier conjugal. Ternes comme un ciel sans étoiles, ses champs n'abritaient plus que des arbustes fanés et des plantes ménopausées.

Ce fut alors le temps des regrets :

« Folie des temps d'abondance,
De la fortune tu fais ton compagnon
Incapable de bâtir ton monde.
De regrets tu es féconde.
Mère de remords, tu n'engendres que désolation.

À des aires voraces, tu m'avais guidé Et mes biens
y ont été engloutis.
Puis comme un citron esquinté,

Je me suis vidé de ma fortune et de ma gloire.

Tu es l'oiseau qui abandonne l'arbre fauché, Et le
papillon qui quitte la forêt asséchée.
Tu m'as voilé les yeux et détourné de la sagesse.
Sur les sentiers de mes pulsions,
Tu m'as conduit par la patte.

Ô folie des temps d'abondance !
Tu es le compagnon vicieux
Qui ne choisit que la fortune pour ami. »

Boin s'était laissé aller en complaintes et récriminations. La faute était à la folie qui a assiégé son cœur, à toute la faune qui ne l'avait pas conseillé et aux jeteurs de sorts qui chargèrent toutes les nuits les hiboux et les chouettes du macabre devoir. Il en voulait à tout le monde. Couché sur le dos, les deux pattes supérieures soutenant une tête devenue trop lourde de remords, Boin pleura de ses malheurs et de son inconduite. Il pleura si bien qu'il manqua de peu de se noyer dans ses larmes.

Un moment passa, et le chat franchit le seuil de Sinki-tinkéha.

« Paix sur ta demeure, salua-t-il.

— Trouves-tu raisonnable de réclamer une dette quand les rayons du soleil deviennent aussi insupportables que des piqûres d'abeilles ? Reviens à la tombée de la nuit, je t'affrèterai ton panier de graines d'arachide.

— Boin, l'emprunt n'est pas un don, une dette est comme un nœud de lianes que l'on se met au cou. Plus vite on le défait, plus aisément on profite de la quiétude. La pauvreté sans dette vaut toutes les richesses du monde. Je reviendrai au crépuscule ».

Chapitre V

Un difficile recouvrement

Le soleil déclinait derrière le marigot pour se perdre dans le ventre de la terre. Ses derniers rayons voyaient l'affliction de Boin dont le redoutable créancier arriverait d'un moment à l'autre. Sa cervelle était devenue trop petite pour contenir toutes les pensées qui naissaient et se multipliaient comme des champignons en saison pluvieuse. Le chat viendra, lui apportant l'humiliation. La faune entière rirait du riche et beau qu'il était, il n'y a de cela qu'une seule lune.

Boin n'était plus un souriceau, il savait ce qu'était la honte. Elle enlève la force à vos membres, ternit vos regards et enterre votre âme. Il pensa encore à toutes ces belles femmes qui avaient réchauffé sa couche en temps d'abondance. Il se rappelait sa virilité et son charme, puis un sourire inespéré illumina son petit visage affligé. Mais comme un éclair qui déchire le ciel de bout à bout pour disparaitre à l'instant, ce sourire s'évanouit pour faire place à l'angoisse. Boin revint à la réalité, à son affliction et à sa peine.

Se jeter dans le lit du marigot pour ne plus jamais revoir le monde des vivants était l'une des solutions que lui dictait son cœur. La noyade le sauverait des

turpitudes de la vie de Dêbantouo. Il n'avait cessé
d'évaluer son amertume :

« *Dêbantouo*
Terre du drame collectif!
Depuis tes monts agités
Et dans les profondeurs de tes forêts obscures,

Dêbantouo
Terre de la tragédie sans fin!
Malgré la clameur des pas euphoriques
Et la quiétude imperturbable de tes fils,

Dêbantouo
Le mal est entré et a assiégé les cœurs.
Comme la plaie il a rongé,
Comme la sangsue il s'est arrondi.

Ô Dêbantouo
Tu t'es affaissée comme un damné
Et des lianes de tes champs, tes membres sont amarrés
Tes arbustes ont servi de fouets au mal.

Dêbantouo
Terre de la tragédie sans fin
Plus rien ne te ramènera à la joie d'antan »

Dans le lointain, une fine agitation de touffes
d'herbes le tira de ses pensées mélancoliques.
C'étaient, sans doute, Djoué le chat et ses amis qui
venaient lui faire boire la honte de sa vie. Boin fila
dans la broussaille et disparut. Il n'osa pas affronter le

chat qu'il savait intraitable. Mieux vaut éviter la colère de l'inflexible créancier. Naquit alors le cache-cache qui déplut au chat. Boin quittait Sinki-tinkéha avant le chant du coq et ne rentrait que lorsque toute la forêt était noire et silencieuse. Il laissait ses fils endormis et les trouvait endormis. Cynique dette ! Elle avait volé à Boin sa vie, elle lui avait volé sa dignité, son honneur et sa quiétude.

Boin n'était plus un souriceau, il savait à présent fuir le danger. Il avait vite fait le rapprochement entre sa morphologie et celle du chat. Et cela lui donnait des sueurs froides, toutes les fois qu'il y pensait. Pourtant, de tous les habitants qui peuplaient les diverses contrées de Dêbantouo, le chat était le moins belliqueux. Il espérait seulement que lui soit rendu ce qu'il avait prêté. Ainsi choisit-il la voie de la médiation.

Chapitre VI

Le chat à Drovin chez le palmier

Des noms défilèrent dans la petite tête ronde du chat. Il pensa d'abord au palmier. Le palmier n'attendait ni la lune, ni le soleil, ni même la pluie, pour pourvoir en délicieuses graines, humains et animaux.

Le palmier étalait ses grands et innombrables bras au cœur de Drovin, la cité de l'huile à la saveur irrésistible. Il dominait la flore, protégeant les petits arbustes et les herbes des rayons du soleil. Des fougères, abusant de sa très grande générosité se sont greffées solidement à son tronc. Et comme une mère prend plaisir à porter son petit, le palmier les supportait gentiment. De fainéants écureuils ne le quittaient jamais, l'on aurait dit qu'ils trouvaient en lui un rempart contre les prédateurs têtus qui violaient quelquefois le calme de la nature. Le chat se résolut à faire le trajet pour solliciter la médiation du palmier.

Le soleil se levait sur Dêbantouo, beau et doux. Les esprits du jour avaient actionné les habitants des airs et chaque espèce volante voulut se faire entendre comme si la quantité de graine qu'il faut au quotidien se gagnait par cris et battements d'ailes. Le chat marchait au rythme des chants d'oiseaux. Tantôt les complaintes de corbeaux ralentissaient son avancée, tantôt les chants mélodieux des rossignols redoublaient son ardeur. Et le chat marchait, dévorant monts et vals, fendant la broussaille qui conduisait à Drovin, la cité de l'huile de palme.

Le soleil atteignait l'aube de son déclin quand le chat arriva à Drovin. Le palmier l'aperçut et laissa tomber quelques graines pour lui permettre de reprendre ses forces perdues dans la marche. Mais le chat n'en fit pas cas. Il n'avait pas l'appétit. Il espérait du palmier mieux que des graines.

« Que le soleil chute avec tes peines ! salua-t-il.

— Que le souffle vespéral apporte la paix à ton âme ! répondit le palmier. Que t'amène-t-il donc chez moi si tu refuses les graines ?

— Ta générosité est reconnue dans toutes les contrées de Dêbantouo. Les femmes de l'homme ne jurent que par toi qui leur fournis les amandes de leur quotidien. Elles n'ont de toit que par la largesse de tes palmes. Le sel qui donne la saveur à leur repas est de toi…

— Ne jalouse pas les femmes de l'homme. Que veux-tu que je te donne pour te consoler ? répliqua le palmier.

— J'ai prêté des graines d'arachide à Boin. Elles devraient servir à payer les services des termites qui lui bâtiraient une grande termitière.

— Boin, le souriceau, voudrait-il dormir dans une termitière ? Interrogea le palmier, le regard inquisiteur.

— Non, Boin n'est plus un souriceau, c'est depuis quelques saisons un adulte qui a épousé Wli la musaraigne et Zbehi-koyri, la dernière fille du cobaye.

Il est père de nombreux souriceaux dont la pauvre Wli a aujourd'hui la charge.

— Pourquoi ne veux-tu pas qu'il s'offre une termitière ?

— Il m'a emprunté des graines d'arachide pour se bâtir cette termitière. Mais la moisson venue, il ne me remboursa point. Interviens donc auprès de lui pour qu'il s'exécute dans ce sens.

Le palmier resta silencieux un moment. Le chat s'en réjouit. Le silence est l'outil des sages. C'est de lui qu'ils tirent leur grande connaissance. Le palmier demeura donc silencieux un bon moment, scruta l'horizon comme pour entendre la voix de la brise du crépuscule. Puis, au bout de son silence, il reprit de la voix.

— Mon cher Djoué, je suis un végétal et vous, des animaux. Nous sommes aussi distants dans notre être que le sont le ciel et la terre. Ce qui vous lie ne me regarde pas. Les histoires d'animaux ne touchent que les animaux, celles des végétaux, les végétaux. Je ne suis pas concerné par votre dette.

— Derrière toutes nos dissemblances, très cher palmier, se dresse une dette de la société que nous avons les uns envers les autres. Elle contraint les uns à ne pas fermer les yeux sur ce qui concerne les autres. Elle se paie toujours.

— Je n'ai emprunté, ni au chat, ni à Boin, ni même au ciel et à la terre, conclut le palmier ».

Le chat s'affaissa, tenant ses joues entre deux pattes. Il n'avait jamais pensé à une telle attitude de la part du palmier dont la générosité dépassait les frontières de Drovin. Pour aussi éloignés qu'ils soient, le soleil et la lune se visitaient quelquefois. Le soleil s'arrêtait chez dame lune pour prendre de ses nouvelles. Et les deux astres lumineux s'occupaient à s'embrasser, laissant quelques instants le monde aux soins de l'obscurité.

Le chat resta longuement affaibli, lâché par ses forces. Il venait de perdre son pari. Le palmier n'avait pas fait preuve de sa générosité habituelle dans cette dette qui le lie à Boin. Et la nuit tomba sur Drovin.

Dans la pénombre, il s'encouragea à retourner chez lui, ruminant la réponse du palmier qu'il considérait comme l'effet de la déveine :

« Le jour du malheur est *impitoyable*
C'est un jour de fortes surprises
Où autour de vous tout s'effondre
Même le plus solide des rochers.
À votre passage l'eau se trouble
Et vous ne pouvez voir la teinte de votre visage

Le jour du malheur est impitoyable
Épines et ronces s'alignent à votre passage
Et vous en faites les frais. »

Chapitre VII

Le chat chez le taureau

Les félins ne se découragent pas aux premiers échecs. Le chat tenait à un règlement sans heurt. Il pensa au taureau pour son physique impressionnant. Il en était sûr, Boin ne refusera jamais quand le taureau lui dira de payer sa dette. Il se mit donc en route pour poursuivre sa quête de médiation. Au moment de quitter sa demeure, il se ravisa. Il avait compris qu'il manquait quelque chose à sa démarche : il n'avait pas offert de présent au palmier pour incliner son cœur. Sa demande a donc été une sèche requête qui échoua sur les battants d'une oreille close. Il décida alors d'apporter au taureau des épinards et des épis de maïs pour gagner son écoute et obtenir sa médiation.

Un autre soleil naissait sur les contrées de Dêbantouo. Au loin les cris d'oiseaux se mêlaient aux bourdonnements d'insectes pour enchanter les oreilles du chat. Il fit son balluchon et se lança dans le sentier, trainant sa charge comme une bosse sur le dos. Le fardeau ralentissait sa marche, mais c'était pour une cause noble. Son corps s'était affaibli mais pas son cœur. Il faut s'en tenir aux fins plutôt qu'aux peines.

Au versant des plaines de Guinwloh, s'étendait Poably, le pays du taureau. C'était un pays paisible d'où l'on entendait rarement les meuglements de vaches. Le taureau régnait sur les siens sans contestation. Ses fils se multipliaient sous la protection du héron, l'oiseau blanc qui, au nom d'une alliance séculaire ne les quittait jamais. Un gros arbre étalait ses bras au soleil pour servir d'abri, en temps de pluie, aux gros mammifères qui habitaient Poably. De petits oiseaux venaient quelquefois les gratifier de leur innocente et bienfaisante mélodie de volailles chapardeuses.

Le taureau était un animal royal soustrait une nuit de fuite de la cour de Wlia-Vodjih, méchant roi d'une contrée lointaine, par Kohou et Zouhou, les ancêtres de Zingblôh, l'humain. En effet, Wlia-Vodjih régnait d'une main de fer sur la contrée de Ganhaya. C'était un homme démesurément bâti et horrible. Sa tête à forme de montagne inspirait effroi et respect. Il s'arrogeait le droit de prendre pour femme toutes les belles filles qui naissaient dans son royaume. Ses épouses se comptaient par dizaines, et ses fils étaient aussi nombreux que les oiseaux qui peuplaient les airs. Les femmes de Ganhaya, lorsqu'elles s'isolaient, s'adonnaient à ce chœur injurieux qui traduit leur aversion pour le souverain :

« Roi-panthère, que tes œuvres sont horribles !
Qui a ôté le cœur que Dieu a planté dans ton ventre ?
Qui l'a remplacé par une pierre étanche et impérméable ?
Qui ferme tes yeux quand, sous le poids des corvées, plie ton peuple ?

Qui ferme tes oreilles quand, affligés de peines,
pleurent tes sujets ?

À tes semblables, tu arraches leurs filles
Qui pourvoient ta couche ignoble,
Déshonorées par tes vices.
À tes semblables, tu arraches leurs fils
Qui, de leur sang, nourrissent tes idoles.
Innombrables sont les crânes d'enfants,
Infinis sont les ossements qui dorment sous ta
couche
Et satisfont ta passion de mal.
Roi-panthère, que tes œuvres sont horribles ! »

Année après année, Wlia-Vodjih dominait tous les souffles de Ganhaya. Craignant qu'à sa mort ses fils disputent son trône avec ceux de ses notables, il enlevait à la naissance, tout mâle qui n'était pas de sa maison et l'immolait à ses idoles. Et la pauvre mère à qui les soldats du monarque interdisaient de pleurer, se terrait dans le bois pour chanter sa peine :

« *Roi-panthère, que tes œuvres sont horribles !*
Qui a ôté le cœur que Dieu a planté dans ton
ventre ?
Qui l'a remplacé par une pierre étanche et
imperméable ?
Qui ferme tes yeux quand, sous le poids des
corvées, plie ton peuple ?
Qui ferme tes oreilles quand, affligés de peines,
pleurent tes sujets ?
À tes semblables tu arraches leurs filles

Qui pourvoient ta couche ignoble
Déshonorées par tes vices.
À tes semblables tu arraches leurs fils
Qui, de leur sang, nourrissent tes idoles.
Innombrables sont les crânes d'enfants
Infinis sont les ossements qui dorment sous ta
couche
Et satisfont ta passion de mal. Roi-panthère, que
tes œuvres sont horribles ! »

Puis un jour, la femme de Wlèhi-soho tomba enceinte. Au fur et à mesure que son ventre prenait du volume, son chagrin enflait. Allait-elle accoucher d'une fille qui, à l'âge pubère comblerait les désirs libidinaux du souverain ? Aurait-elle le malheur de donner naissance à un fils qui mourrait avant d'avoir connu sa mère ? Et sa peine grandissait.

Wlèhi-soho, las de la consoler se rendit de nuit chez Bangouihon, le devin de Ganhaya. Celui-ci le reçut et lui dit :

« Ta femme est devenue si belle que le soleil s'est épris d'elle. Tu devras la cacher de jour et ne la laisser sortir que la nuit. Elle enfantera des jumeaux qui, loin de cette terre, te donneront une descendance nombreuse. Tes fils porteront l'aiguillon au cœur du souverain, il se brisera et le peuple sera libéré. »

Le futur père rentra, rassuré. Il cacha sa femme dans sa case. Depuis lors elle ne mit plus le pied dehors. Il se chargea de toutes les tâches domestiques et champêtres jusqu'à la naissance de Kohou et Zouhou, ses fils. Cette naissance arriva une nuit de grande tornade jamais connue de mémoire d'habitant de

Ganhaya. Les fils de Wlèhi-soho ne pleuraient jamais, comme s'ils avaient, déjà à leur âge, pris conscience du danger que représentait Wlia-Vodjih. Ils ne sortaient que la nuit, au moment où nul être n'avait les yeux ouverts. Ils ne connurent point le soleil, la lune et les étoiles étant les seuls astres qu'ils aient vus.

Quand ils furent pubères, les jumeaux quittèrent de nuit la cité royale pour les forêts opaques du sud. En plus de quelques vivres, ils reçurent de leur père une longue fourche de bois qu'ils devaient trainer tout au long des sillons qu'ils parcouraient. Ils s'installeraient au lieu où la fourche sera retenue par une liane. Mais avant de quitter Ganhaya, les fils de Wlèhi-soho emportèrent avec eux un taureau et une vache, les plus gros et les plus dodus, soustraits à l'insu de tous, du pâturage du monarque.

La disparition des bêtes fut un coup de massue insupportable qui fit s'effondrer Wlia-Vodjih, le Roi-panthère. Il en mourut et les habitants de Ganhaya connurent enfin la liberté.

En réalité, depuis quelques décennies, la mort venait dans le royaume, tous les ans, chercher le souverain. Celui-ci choisissait le plus gros de ses taureaux qu'il faisait cuire sous diverses formes. Il le proposait à la mort à qui il demandait de repasser la prochaine saison. Le choix était vite fait. La mort se restaurait copieusement et s'en allait, rendez-vous ayant été pris pour la saison prochaine. Dès lors le souverain se remettait à la tâche, et engraissait une autre bête pour le teigneux et inévitable visiteur de l'an.

Le départ des jumeaux arriva à la veille de la venue de la mort. Celle-ci s'attendait comme tous les ans à déguster un mammifère plein d'embonpoint. Mais ce fut la désolation ! Point de taureau, rien que de maigres veaux et génisses affamés et squelettiques, gambadant ça et là dans le pâturage. Le sinistre visiteur se rendit au domicile du monarque et trouva un chétif vieillard amaigri en une seule matinée par la nouvelle de la disparition de ses bêtes. Ils n'eurent point à discourir longtemps, la gourmande mort passa à l'acte et dans la cour royale fusait la chanson funeste du décès de Wlia-Vodjih :

« Dans le pays lointain d'où nul ne revient
Tu es parti sans mot dire.
Dans le silence éternel des âmes
Tu t'es retiré tout seul.
Désormais règnera dans l'audible silence de la
nature
Ta voix si forte et si agréable
Dans les rayons du soleil tu étendras ta puissance
sur les siens
Et dans la douceur de la lune tu berceras tes fils.
Par la fraicheur des eaux du marigot tu viendras
étancher notre soif
Et dans les champs et dans les villages tu nous
guideras.

Jamais ton âme ne quittera nos vies.
À nos pensées tu parleras
Et pour toujours tu vivras parmi ton peuple. »

Wlia-vodjih s'en était allé, et la contrée de Ganhaya connut l'inéluctable division. À ses fils qui voulurent perpétuer le règne de leur père, s'opposait une grande partie de la population.

Kohou et Zouhou découvraient pour la première fois le soleil. C'était leur véritable jour de naissance. Ils marchaient de jour comme de nuit, puis un soir, tandis que Zouhou traînait encore les pas derrière une termitière, son frère se trouva nez à nez avec un monstre nain, dont les jambes présentaient une morphologie étrange. Il avait le tibia et le pied tournés vers l'arrière, et le talon vers l'avant.

Le monstre poussa un cri épouvantable auquel Kohou ne répondit que par un sourire. Cela l'irrita et sur ce ton de colère il lui dit : «Je suis Séhitéhé, le monstre nain. Je suis l'ennemi le plus redouté des humains. Tu as méprisé mon cri et ma force. Nous livrerons bataille, à celui qui perdra, la langue sera tranchée». Ces propos jetèrent Kohou dans un rire interminable qui se mua en chanson :

« Tu es un monstre sans taille
Tu es un monstre sans force
Tu es un monstre sans intelligence.
Un être qui ne se fie qu'aux apparences
Est perdu avant d'avoir été conçu

Je suis Kohou, ma force est double ô Séhitéhé !
Mon intelligence est double ô Séhitéhé !
Si tu acceptes que pendant notre duel,
Je me replie derrière la termitière,
Le temps d'une respiration, ô Séhitéhé !

Alors tu finiras sans langue dans la bouche. »

Le monstre nain se frappa la poitrine de colère et d'orgueil, et admit la condition souhaitée par l'adolescent. Son frère qui resta caché derrière la termitière, entendit toute leur conversation. Et la bataille débuta, rude pour l'adolescent et paisible comme un jeu d'enfant pour le monstre nain. Très vite, Kohou essuie de violents coups qui le mènent à terre. Il se releva et s'enfuit derrière la termitière, son frère Zouhou le remplaça dans l'arène. Le monstre ne s'en aperçut point à cause de leur grande ressemblance. Et la bataille reprit à l'instant. Des dizaines et des centaines de fois les adolescents se sont passé le relais. Et trois fois, la lune et le soleil se sont succédé dans le ciel.

La fatigue gagnait le monstre nain qui se battait à jeun alors que les adolescents avaient le temps de boire une bonne gorgée de lait avant de revenir dans l'arène. Quand l'un était aux prises avec l'adversaire, l'autre se mettait à traire la vache volée à Wlia-Vodjih, et les frères ne manquaient pas de forces. Au troisième soir de combat, le monstre nain s'affaissa et demanda la clémence à son adversaire :

« Je n'ai jamais *vu d'humain aussi courageux,*
Je n'ai jamais vu d'humain aussi mystérieux,
Quand à ton œil droit vient une égratignure,
La termitière te fait un pansement instantané.
Et lorsque roulé dans la boue, ton dos s'est maculé,
La termitière te lave hâtivement.
Contre ton ventre butent la soif et la faim.

Contre tes muscles bute la fatigue
Et le sommeil échoue à dompter tes yeux.
Épargne-moi le sort de la langue sectionnée
En échange tu connaitras le secret de la santé
Et la maladie ne prévaudra pas contre ta postérité ».

Kohou accepta l'offre du monstre qui lui enseigna les secrets des plantes médicinales et les remèdes contre les morsures de reptiles avant de disparaître dans la forêt.

Après des mois de marche, les fils de Wlèhi-soho arrivèrent au bord d'une rivière dont les eaux calmes et paisibles semblaient leur offrir l'hospitalité aux rives. Les deux frères tentèrent de traverser à un gué quand leur fourche s'agrippa aux eaux de la rivière, à leur stupéfaction. Ils se résignèrent :

« Quand les lianes les plus énormes virent notre fourche
Elles ne la retinrent point.
Quand les racines et les ronces virent notre fourche
Elles ne la retinrent point.
Ô Nicla ! Tu nous as retenus quand notre fourche touchera à tes eaux.
Nous ne sommes pas des êtres aquatiques
Nous ne saurions rester longtemps dans les eaux
À tes bords nous nous installerons
Et de jour et de nuit nous t'écouterons
Tes eaux laveront nos maux et nos peines ».

Alors s'installèrent-ils au bord de la rivière, après avoir aménagé, à bonne distance, au pied d'une colline, un pâturage pour le taureau et la vache. Ils nommèrent la cité du taureau Poably, cité du salut et la leur Guinwlôh, cité du pardon. Par ce dernier nom, Kohou et Zouhou se jurèrent de se pardonner l'un à l'autre toutes leurs mauvaises conduites pour que règne entre eux la cohésion. Ils bâtirent un pays riche et prospère. Des siècles se sont écoulés depuis lors.

Dans sa quête de médiation, le chat se lança dans le trajet qui mène chez le taureau.

Par une piste délaissée, il arpentait la colline de Poably. Le soleil chutait nonchalamment, fournissant d'ultimes efforts pour achever sa course quotidienne, et la faune, peu à peu, guettait son lieu de repos. Le chat arriva.

« Que le soleil illumine ton jour ! salua-t-il.

— Que la brise légère apaise ton cœur, répondit le taureau.

Sans paroles ajouter, le chat tira de son balluchon les épinards et les épis de maïs prévus pour son hôte. D'un doux meuglement, le taureau appela la vache et tous les deux se livrèrent à un festin inopiné sous le regard heureux du visiteur. Celui-ci était soulagé, il faisait à cet instant le bonheur du couple. Les courtoisies prirent place et l'on s'oublia à de longs bavardages. Le taureau, la panse pleine se livra à de joyeux beuglements avant de discourir :

« Le plus précieux des biens qu'il sied à un être de rechercher, c'est la paix avec les autres. Elle est le reflet de notre paix intérieure. Tout être présente un visage, mais le visage de notre cœur c'est la forme de nos rapports avec les autres.

— Faire la paix avec les autres n'est pas chose aisée, dans la mesure où la vie devient une lutte qui oppose nos intérêts, fit remarquer le chat.

— Ce qui nous oppose, répliqua le taureau c'est moins nos intérêts que notre orientation vers le superflu. Nous accordons plus d'importance à des choses non essentielles. Tandis que le nécessaire ne requiert que peu d'efforts, le superflu en demande énormément. Les discordes découlent généralement de la volonté de ceux qui ne se contentent pas de l'utile, à faire travailler les autres pour leur apporter l'agréable. Pourtant le travail ne devait bénéficier qu'à ceux qui l'embrassent.

Un fruit tomba de l'arbre et interrompit les deux interlocuteurs. Il n'était pas consommable parce que pourri. Le taureau se tourna vers son hôte pour s'enquérir de l'objet de la visite.

— Aurais-tu une conquête au pied de la colline ? Des rires terminèrent les propos du taureau. Le chat profita de cette hilarité pour exposer l'objet de sa visite. Et d'un ton plus grave il commença.

— La paix a quitté mes jours, le sommeil s'est éloigné de mes nuits et les regrets ont envahi mon cœur.

— Ne divorce surtout pas, prends une seconde épouse, une chatte moins capricieuse, nous viendrons danser et savourer les délices de ta cuisine.

— Il ne s'agit pas de cela, c'est à cause de Boin que je viens te voir.

— A-t-il cherché ta femme ? demanda le taureau.

— Non !

— Voilà qui me rassure ! Boin s'est illustré dans tant de bassesses cette saison, que l'on croirait que c'est pour lui seul que Dieu a créé la femme. Pourtant il avait été un docile et sage souriceau les pluies dernières, remarqua le taureau.

— Ce qui m'emmène ici, c'est que j'ai prêté des graines d'arachide à Boin. Elles devraient servir à payer les services des termites qui lui bâtiraient une grande termitière.

— Boin le souriceau voudrait-il dormir dans une termitière ? interrogea le Bœuf.

— Non, Boin n'est plus un souriceau, c'est depuis quelques lunes un adulte qui a épousé Wli la Musaraigne et Zbehi-koyri, la dernière fille du Cobaye. Il est père de nombreux souriceaux dont la pauvre Wli a aujourd'hui la charge.

— Pourquoi ne veux-tu pas qu'il s'offre une termitière ?

— Il m'a emprunté des graines d'arachide pour se bâtir cette termitière mais la moisson venue, il ne me remboursa point. J'ai vu les fleurs que donnaient les plantes de ses champs. Elles étaient abondantes et prometteuses. De la rive du marigot jusqu'aux pieds des collines qui ceinturent Sinki-tinkéha, diverses espèces de plantes s'étalaient, attendant patiemment la maturité pour pourvoir les greniers de Boin. Tous les animaux qui venaient se rafraichir au marigot y avaient laissé, qui une graine, qui un noyau, pour former une gigantesque plantation. Boin a été comblé par la générosité de la nature. Il n'avait jamais porté la houe à la terre, mais des plants sélectionnés rivalisaient en croissance et en production à Sinki-tinkeha.

Cependant il n'a jamais songé à me rembourser mes graines d'arachide. Interviens donc auprès de lui, pour qu'il s'exécute dans ce sens.

Le Taureau resta silencieux, les yeux rivés vers le sol. Puis, au bout de quelques instants, il leva la tête et dit :

> *«Derrière chaque présent se cache un dessein inavoué.*
> *La tête du donateur vous renseigne bien des fois.*
> *Mais aussi il vous arrive d'être surpris*
> *Quand l'on vous informe de ce que l'on attend de vous.*
> *Aucun présent n'est désintéressé.*
> *L'honneur et la gloire ne découlent-ils pas des présents que les plus aisés font du surplus de leur grenier ?*
> *Le présent du courtisan est plus dangereux que la flèche d'un chasseur*
> *La générosité a quitté le monde*
> *Nul ne vient à vous pour vous.*
> *De votre tête personne n'a que faire »*

Sortant de son audible rêverie, il poussa un meuglement de mépris qui donna une sueur froide au chat que le désespoir assiégea.

— Cher ami, tu n'aurais jamais dû prêter des graines d'arachide à Boin. C'est un paresseux qui ne mérite aucune considération ».

Le taureau marqua encore un arrêt avant de continuer. Il avait profité pour chasser de sa queue quelques moucherons dont la compagnie devenait déplaisante.

« Enrichis-toi de l'histoire de Main-gauche et Main-droite. Elles étaient de belles jumelles dont la mère avait la réputation d'être juste. Très tôt, elle avait initié ses filles au travail. Elle leur apprit que le travail était d'une valeur inestimable, et que Dieu le créateur y avait contraint le monde. Cependant, au fur et à mesure que les jumelles grandissaient, Main-gauche voyait sa propension à l'effort baisser, et elle s'y complut. Malgré les interpellations de sa mère, Main-gauche demeura paresseuse.

Tandis que Main-droite se mettait à la tâche, sa jumelle demeurait oisive, fredonnant d'inopportunes chansons :

*Quand tu voudras manger une banane douce, Ne
t'obstine pas à dévisager le bananier
Sinon, d'effroi tu crieras zièdjoh !
Et la peur ôtera ton appétit.
Arrache la banane sans lever tes yeux
Rassasie-toi et va-t'en !
Le goût ne correspond pas forcément à la vue.*

*Quand tu voudras panser ta plaie,
Et que la sève des arbres qui sert de médicament
causera des douleurs,
Gémis si tu veux
Pleure ta peine si elle se poursuit
Mais ne t'enfuis jamais de chez le guérisseur
Car au bout se trouve l'euphorie d'une âme soulagée.*

Et Main-droite s'épuisait de labeur et voyait apparaître sur elle des marques de la corvée. Cela ne la découragea point, elle travaillait davantage. Puis la mère pour l'honorer, lui épargna toutes les tâches humiliantes que l'on n'accomplit que dans des endroits fortement cachés.

Voilà pourquoi l'on utilise la main droite pour se restaurer et la main gauche pour toutes les tâches infâmes.

Boin est la paresseuse Main-Gauche qui ne doit pas être fréquentée. »

Le chat l'écouta en silence, il eut envie de verser quelques larmes. Sa femme l'avait mis en garde lorsqu'il affrétait le panier de graines d'arachide pour Boin.

Devant le silence de son interlocuteur, le taureau reprit :

— Aussi, il importe que tu te rendes compte que je suis herbivore et ruminant. Crois-tu que je suis touché par une question de dette qui lie des carnivores ? Regarde ma taille, ma corpulence et mon gabarit ; regarde aussi les tiens et ceux de Boin. J'ai des tourments, mais ce sont des tourments de grands et non ceux de petits félins et rongeurs. Nos tracas ne sont pas à mêler. Le créateur nous a faits différemment, a limité nos contrées selon les espèces. Je crois qu'il vaut mieux aller régler vos différends ailleurs. Je ne me sens pas concerné par cette histoire de dette.

— Derrière toutes nos dissemblances, très cher taureau, se dresse une dette de la société que nous avons les uns envers les autres. Elle contraint les uns à

ne pas fermer les yeux sur ce qui concerne les autres.
Elle se paie toujours.

— Je n'ai emprunté, ni au chat, ni à la souris,
ni même au ciel et à la terre », conclut également le
taureau.

Chapitre VIII

Le chat chez Gobioh le coq

Le chat ne se laissait point abattre par ses échecs. Des fois l'on en avait connu et d'autres fois l'on avait jubilé par des succès. Il ne faut surtout pas s'arrêter car l'échec et le succès sont des filles d'une même mère qui ne se réveillent jamais au même moment. Elles sont comme les deux faces d'un cauri. Quand l'une dort, l'autre veille. Le chat se dit que le succès devrait à présent avoir marre de dormir. Le soleil qui se levait ce jour était celui de leur rendez-vous. Il trouvera immanquablement le succès chez son ami Gobioh, le coq.

Au coq, il avait sauvé la vie une après-midi de forte chaleur au bord de Douhi, le marigot de Dêbantouo, situé à l'orée des terres de Sinki-tinkéha. Cette après-midi-là, le coq arriva au marigot au même moment que le singe. Gobioh était vantard et effronté. Il dominait toute la faune, cependant qu'il n'avait pas la force appropriée. Il disait que sa crête était une flamme de feu que le créateur avait posée sur sa tête pour réduire en cendres ceux qui lui résisteraient. Les animaux des contrées de Dêbantouo et les oiseaux qui peuplaient le ciel l'honoraient et le déifiaient. Tous lui obéissaient comme des valets aux ordres d'un seigneur. Il ordonnait et ils exécutaient. La faune entière lui payait le tribut, la moisson venue.

Mais une après-midi de forte chaleur, ses pattes se posèrent au bord du Douhi, en même temps que celles du singe. La chaleur était si torride que ce dernier ne s'aperçut pas de la présence du très vénéré coq. Le singe allongeait ses mains pour boire quand le cri impérial du coq l'interrompit :

« Retire tes sales mains de l'eau. Elles sont si noires qu'elles finiront par salir l'eau et la rendre imbuvable. Laisse-moi boire d'abord, tu boiras ensuite.

Le singe observa ses paumes. Il ne s'était jamais rendu compte qu'elles fussent effectivement si noires. Mais il mourrait de soif et il ne pouvait pas attendre. La révolte s'empara de lui et il tint tête au coq en ces termes :

— Ton bec est si malpropre et malodorant que je ne pourrai me permettre d'attendre que tu souilles l'eau. Tu le fourres dans le sol à longueur de journée. Tu ne t'empêches pas de déféquer aux endroits où tu manges, prétextant que tu n'y dors pas. Mais quand vient le moment de dormir, tu ne t'empêches pas non plus de déféquer, prétextant que tu n'y manges pas. Ainsi, tous les lieux que tu visites sont infestés de tes déchets, aussi bien ta couchette que les lieux qu'explore ton bec. Jamais je ne te laisserai boire avant moi à ce marigot ».

Ainsi, l'animal et la volaille s'empoignèrent dans un combat singulier. Très vite, le coq est dominé. Il n'a que deux pattes tandis que son adversaire en possède le double. Il se replia par un battement d'ailes et prit de la hauteur. Le singe était aussi agile qu'un jeune papillon. Il le rejoignit dans le feuillage qui lui servait de refuge. Et nos deux belligérants se retrouvèrent de nouveau à terre.

Le coq essuie plusieurs coups. Il est saisi par la tête ; point de feu pour embraser le singe. Gobioh reçût une bonne raclée et le singe qui en avait gros sur le cœur voulut l'achever. À cet instant arriva le chat. Le singe emporta sa victime dans les branchages, mais le chat, pour qui courir dans les branchages n'avait pas de secret, les y rejoignit. Le singe alla de branche en branche avec le coq mourant. Le jeune félin le rattrapa et le supplia de relâcher le coq. Le chat s'empara ensuite de la volaille moribonde et la transporta au bord du marigot. Au bout d'un moment, Gobioh retrouva ses esprits.

Ce matin, le chat n'avait pas besoin de présents pour obtenir la médiation du coq. Il espérait que Gobioh n'aurait pas la mémoire courte.

Le soleil escaladait péniblement la colline céleste quand le chat arriva au pays du coq. Quelques lopins de terre séparaient ce lieu du pays de l'homme. C'est par clémence que l'homme permit au coq de s'y installer.

En effet, il y a très longtemps de cela, toute la volaille n'avait que les airs pour lieu d'habitation. Leurs repas ne se prenaient que dans les arbres. Il leur fallait donc voler sur une longue distance pour avoir de quoi se mettre dans le bec. La parade était difficile mais nécessaire à la survie. Tous les oiseaux semblaient entraînés à la tâche. Ils se jouaient des vents, des nuages et des gouttes de pluie. Au crépuscule, ils regagnaient leurs nids à cause de la visibilité réduite. Le cirque aérien reprenait à l'aube.

Un jour, le soleil décida de marier sa fille à l'un d'entre eux. La fille du soleil était belle à l'excès. Elle n'eut pas d'égale sous le ciel. Tous les oiseaux se bousculèrent. On partit par deux pour faire acte de candidature. Le colibri et le corbeau ouvrirent le bal. Mais la fille du soleil était très capricieuse. Elle trouva l'un trop minuscule et l'autre trop noir et trop laid. Beaucoup d'autres duels aériens furent observés. Mais pour chacun des concurrents, elle trouvait toujours un défaut.

Arriva alors le tour du coq et de l'épervier. La fille du soleil trouva un défaut à l'épervier. Cependant elle aima le chant du coq et se surprit à danser quand celui-ci chanta pour la seconde fois. Ému de jalousie, l'épervier donna un coup de patte au coq qui, surpris par la force des muscles de son adversaire, chuta dans la contrée de l'homme. Il bénéficia de l'hospitalité de Zingblôh qui le logea à l'orée de sa contrée. Depuis lors, la haine s'installa entre le coq et l'épervier.

Le chat arriva enfin chez le coq. Battements d'ailes et appels de poussins cherchant mère et pitance meublaient le décor sonore. Il entra et trouva le coq à ses occupations quotidiennes : fouiner le sol de son bec, déféquer et monter poules et poulettes. Le chat salua :

« Paix sur le poulailler !

— Que t'emmène-t-il ici ? demanda le coq, l'air surpris. Ne viens-tu pas raconter des mensonges aux miens ? Deux battements d'ailes et un long et fâcheux chant avait clos ses interrogations.

— Mentir ? s'étonna le chat.

— Oui, mentir ! Le singe t'a payé pour occulter sa défaite de la dernière saison sèche. Dieu seul sait comment je l'ai malmené. Il n'a eu la vie sauve que grâce à ton passage.

Le chat, étonné par cette réplique, daigna se raviser. Il ne faut pas bousculer la ruche quand on veut avoir du miel.

— Il m'a témoigné de sa gratitude par de petits mots. Les mots valent souvent plus que les actes. Il est reconnaissant de ce que je lui ai sauvé la vie, répondit le chat.

Les poules, qui s'étaient réunies autour du coq, laissaient échapper des caquètements de félicitations. Leur époux est un vrai mâle. La satisfaction se lisait sur le visage du coq.

— Pourquoi viens-tu donc ? demanda le coq.

— Ce qui m'emmène ici, c'est que j'ai prêté des graines d'arachide à Boin. Elles devraient servir à payer les services des termites qui lui bâtiraient une grande termitière.

— Boin le souriceau voudrait-il dormir dans une termitière ? interrogea le coq.

— Non, Boin n'est plus un souriceau, c'est depuis quelques saisons un adulte qui a épousé Wli la Musaraigne et Zbehi-koyri, la dernière fille du Cobaye. Il est père de nombreux souriceaux dont la pauvre Wli a aujourd'hui la charge.

— Pourquoi ne veux-tu pas qu'il s'offre une termitière ?

— Il m'a emprunté des graines d'arachide pour se bâtir cette termitière. Mais la moisson venue, il ne me remboursa point. Interviens donc auprès de lui pour qu'il s'exécute dans ce sens. »

La réaction du coq ne se fit pas attendre. Il se tourna vers les poules et dit : « voyez-vous que l'on me demande de perdre mes ailes pour me plonger dans les bassesses de la terre ?

— Zièdjoh ! Répondirent en chœur, poules et poulettes.

— Oui c'est bien cela. Les étoiles accompagnent-elles souvent le soleil à sa glorieuse randonnée journalière ? Les mammifères ont beau faire des prouesses, ils n'obtiendront jamais ces précieuses ailes et ce beau plumage. Mon cher Djoué, observe-moi très bien, je suis un oiseau, vous êtes des animaux, je ne suis pas concerné par vos histoires de dette.

— Derrière toutes nos dissemblances, très cher coq, se dresse une dette de la société que nous avons les uns envers les autres. Elle contraint les uns à ne pas fermer les yeux sur ce qui concerne les autres. Elle se paie toujours.

— Je n'ai emprunté, ni au chat, ni à Boin, ni même au ciel et à la terre, ajouta le coq, comme si les habitants de Dêbantouo s'étaient passé le mot. »

Et le chat de se lamenter à nouveau :

« Ô ingratitude !
Le cœur oublie,
Et dans le ventre se perd la bonté de l'autre.
Dans l'âme du bien tu enfonces le poignard
Et à trépas passent les bienfaits.
Tu fermes la porte de la générosité
Et fais prospérer la méchanceté »

Les fines jambes du chat s'étaient engourdies. Les paroles du coq avaient amarré à sa taille d'innombrables boulets à traîner. Le chat devint si lourd qu'il ne put lever la patte.

Chapitre IX

Le chat chez l'homme

L'humiliation de la journée hantait encore son esprit, quand au terme de mille peines, le chat regagna sa contrée. Il pensa à sa dernière chance : Zingblôh, l'homme, le vrai maître d'entre toutes les créatures de Dieu. Il ferma les yeux pour reprendre des forces et ne les ouvrit qu'à l'aube. Il s'était oublié dans les bras du sommeil. Dans les bois, les oiseaux chantaient déjà le lever du jour :

> *« Du ventre de la terre sort le soleil*
> *L'astre lumineux a été enfanté*
> *Ses pas lents gagneront de la vigueur*
> *Et la lumière se répandra sur terre.*
> *C'est un jour nouveau qui n'attend que d'être salué*
> *Ouvrez les yeux et étirez-vous*
> *Chassez le sommeil et appelez le courage*
> *À la force de vos bras répondra la fortune »*

Le concert de la gent ailée l'avait éveillé et avait redonné de la force à ses membres. Le chat se mit sur pattes et prit la route de Guinwloh, la contrée de Zingblôh. Il y arriva sur le soir d'un soleil de marche. La contrée de l'homme était bruyante. Ses filles agitaient des pilons qui descendaient dans le mortier sur des tranches de manioc bouillies. Et l'on entendait : dohou ! dohou ! dohou ! Le chat arriva et se perdit en louanges interminables :

« Zingblôh ! Tabayou okowô !
Tu es la bosse intraitable,
Tu courbes le torse que tu assièges.
Tu es la valeur que tous admirent.
Qui ne voudrait avoir un parent comme toi ?

L'homme débonnaire dont le cœur est si généreux,
À ta cour se rassasie tout visiteur.
Tu es le rocher que la pluie ne peut entraîner !
Contre vents et marées tu as toujours résisté.

Des générations de toutes les créatures vont se
succéder,
Mais tu demeures
À toi le créateur a donné le feu.
À toi il parla en cette nuit épouvantable.
Le vent souffla, branchages et volailles furent
emportés,
Le ciel se vida de son eau qui inonda la surface
des champs. Quand le tonnerre emboucha sa
mystérieuse trompette,
Les oreilles de tous les êtres s'irritèrent de peur.
L'éclair traversa le ciel jusqu'au
sommet des monts.
Quand de peur tous se cachèrent,
Le créateur, fit descendre le feu sur la cime du
fromager.

Tu es le plus doué de toute créature.
Quand l'étrange feu consumait la cime des arbres,
Les oiseaux apeurés descendirent des airs,
Les tanières et les galeries se remplirent,
L'effroi domina la curiosité de tous les êtres,
Tu as escaladé les monts de peur qui se sont érigés,
Tu t'es élevé au sommet de l'arbre.
Par ton génie tu as rapporté à Dêbantouo le feu ;
Le feu t'a forgé de l'intelligence et des outils ;
Le feu a accru ta force et ta gloire.
Tu es inégalable, tu bats toute créature,
Dans les eaux, sur terre et dans les cimes des arbres
Que la paix reste sur ta demeure ! »

L'homme s'était laissé bercer par les paroles élogieuses du chat et demanda qu'il lui fût servi une petite calebasse de lait. Le visiteur qui avait marché toute une journée en fit une gorgée. L'homme avait ouvert ses bras à son hôte du soir. Ils devisèrent longtemps sur de vagues chroniques avant d'en venir au sujet qui motivait la longue marche du Chat.

« Pourquoi viens-tu me voir ? demanda l'homme.

— J'ai prêté des graines d'arachide à Boin. Elles devraient servir à payer les services des termites qui lui bâtiraient une grande termitière.

— Boin, le souriceau, voudrait-il dormir dans une termitière ? Interrogea le l'homme.

— Non, Boin n'est plus un souriceau, c'est depuis quelques saisons un adulte qui a épousé Wli la musaraigne et Zbehi-koyri, la dernière fille du cobaye.

Il est père de nombreux souriceaux dont la pauvre Wli a aujourd'hui la charge.

— Pourquoi ne veux-tu pas qu'il s'offre une termitière ?

— Il m'a emprunté des graines d'arachide pour se bâtir cette termitière. Mais la moisson venue, il ne me remboursa point. Interviens donc auprès de lui pour qu'il s'exécute dans ce sens.

L'homme regarda longtemps le chat et eut compassion de lui. Il lui dit :

— Mon cher Djoué, l'ingratitude a gagné notre monde. Tu te plieras pour servir les autres, mais en retour tu moissonneras humiliation et désespoir. Ceux à qui tu as ouvert les bras prennent contre toi le poignard, au moment où tu ne pourrais t'y attendre.

— C'est avec regret que je le constate. Murmura le chat. J'ai prêté à Boin pendant la période la plus difficile de l'année. Bien que sa récolte soit si grande, il ne daigna pas me rembourser. J'ai sauvé la vie au coq que, de colère, le singe était sur le point de mettre à mort, mais il me croit maintenant différent de lui.

— Pour moi ce n'est pas pareil, je suis homme, debout sur deux pieds. Dois-je m'immiscer dans une affaire d'animaux ? On est si différent…

— Je croyais que nos vies étaient similaires. Tous les jours, un soleil naît, court et nous réchauffe. Puis il est gagné par la fatigue. À cet instant, il grossit et rougit. Et au soir, la mort l'entraîne dans le ventre de la terre. Le lendemain un autre soleil vient pour mourir le soir. Tous ces soleils nous voient, humains et animaux, refaire les mêmes choses : se nourrir, s'accoupler et mourir.

— Tu demeures cependant un animal et moi un humain, je ne suis pas concerné par votre histoire de dette.

— Derrière toutes nos dissemblances, très cher Zingblôh, se dresse une dette de la société que nous avons les uns envers les autres. Elle contraint les uns à ne pas fermer les yeux sur ce qui concerne les autres. Elle se paie toujours.

— Je n'ai emprunté, ni au chat, ni à la souris, ni même au ciel et à la terre », avait conclu aussi l'homme.

Chapitre X

Le chat aux trousses de Boin

Toutes ses tentatives de voir une médiation dans l'histoire de la dette qui le lie à Boin s'étant soldées par un échec, le chat voyait son vœu de paix noyé dans l'océan du désespoir. Il faut maintenant en découdre avec son débiteur pour éponger ce qu'il considérait désormais comme foutaise et mépris. Mais sa tâche pourrait être aussi éprouvante que sauter d'une rive de l'océan à l'autre. Boin était un fin coureur, assez rapide pour devancer l'éclair. De plus il avait des terriers partout. C'est d'ailleurs tout ce qu'il avait pu garder de son abondante moisson de la saison écoulée.

En effet, en temps d'abondance, Boin avait sollicité les services des rats pour lui faire de gigantesques labyrinthes dans lesquelles Wli la musaraigne, et Zbehi-koyri, sa dernière épouse, se perdraient à le chercher quand il serait avec l'une de ses maitresses. Et ces trous de rats, Boin en avait une kyrielle, les uns passant sur les autres comme se chevauchent les racines de palmier. L'art des cachettes souterraines était le secret des rats. Ils avaient abondamment puisé dans la récolte de Boin, leur employeur, reconnaissant des services offerts.

À penser à tous les terriers de Boin, le chat mourrait de rage. Ses miaulements s'étaient mués en grognements intempestifs. Et la rage enflait ses joues et ses pattes. La colère donnait à ses yeux la couleur du soleil mourant. Incertain mais encouragé par la soif de vengeance, le chat enjamba bosquets et tertres en direction de Sinki-tinkéha. Malheur à Boin s'il se laissait prendre aux griffes vengeresses du chat. De son agilité de félin à l'affut, il avala la distance qui reliait son logis au marigot. Boin n'aura pas assez de salive pour dominer la soif deux jours durant. Il viendra boire, indubitablement. Le chat en était aussi sûr que le coq qui, appelant le soleil à l'aurore, s'attendait à le voir.

Le premier jour passa ; pas de Boin ! Puis un autre, et un troisième. Au matin du quatrième jour, le silure aperçut le chat somnolant au bord du marigot. Il lui demanda, d'un ton ironique :

« Les eaux du marigot ont-elles enivré mon ami ?

— J'attends Boin pour vider un contentieux.

— Serais-tu cocu ? Mieux vaut s'en prendre à sa femme qu'à l'amant.

— Rien de tout cela, répondit le chat.

— Alors ?

Le chat demeura silencieux, hésitant, puis se résolut à se jeter à l'eau. Il exposa son mal :

— J'ai prêté des graines d'arachide à Boin. Elles devraient servir à payer les services des termites qui lui bâtiraient une grande termitière.

— Boin le souriceau voudrait-il dormir dans une termitière ? interrogea le silure.

— Non, Boin n'est plus un souriceau, c'est depuis quelques saisons un adulte qui a épousé Wli la musaraigne, et Zbêhi-koyri, la dernière fille du cobaye. Il est père de nombreux souriceaux dont la pauvre Wli a aujourd'hui la charge.

— Pourquoi ne veux-tu pas qu'il s'offre une termitière ?

— Il m'a emprunté des graines d'arachide pour se bâtir cette termitière. Mais la moisson venue, il ne me remboursa point. Pourrais-tu intervenir auprès de lui pour qu'il s'exécute dans ce sens ?

— Zièdjoh ! Un silure est un poisson. Le chat et la souris sont des mammifères. Comment pourrais-je intervenir dans une histoire de dette qui ne me concerne pas, moi qui vis dans un milieu différent du vôtre ?

D'un tour de queue, le silure disparut au fond de l'eau, laissant le chat à sa peine habituelle. Même les cadences rythmées de la queue du silure qui balayait l'eau à gauche et à droite n'ont pas apaisé son affliction. La nuit vint et Dêbantouo s'endormit.

Au lever du jour, une taupe qui allait s'abreuver pour faciliter la digestion des insectes ingurgités dans la nuit, trouva le chat, les yeux remplis de sommeil et les jambes engourdies par des jours de guet. À l'aube la brume avait arrosé ses poils et à sa course, le soleil les avait asséchés. Elle lui demanda : « Le chat aurait-il si soif pour résider au bord du marigot depuis une semaine ? Je sais les eaux du marigot douces, mais elles ne sont pas assez solides pour contenter l'estomac d'un félin de ton espèce.

— Je suis à l'assaut de Boin, répondit le chat.

— Que t'a fait Boin pour que tu le guettes avec cette rage ?

— Je lui ai prêté des graines d'arachide. Elles devraient servir à payer les services des termites qui lui bâtiraient une grande termitière.

— Boin voudrait-il dormir dans une termitière ? interrogea la taupe.

— Non…

— Alors ? Coupa-t-elle.

— Il m'a emprunté des graines d'arachide pour se bâtir cette termitière. Mais la moisson venue, il ne me remboursa point.

— Tous ces jours d'attente n'ont-ils pas ouvert ton intelligence pour comprendre que Boin s'abreuve sans passer ici ?

— Douhi est pourtant le seul marigot de Dêbantouo !

— Certes, reprit la taupe, mais un tunnel lui permet de profiter de l'eau sans être vu en surface.

— Zièdjoh ! s'étonna le chat.

— Il m'a fait la cour pendant la période des moissons, il était très généreux, bienveillant et débonnaire...

— Connais-tu la voie qui mène à ce tunnel ? demanda sèchement le chat, las d'entendre les prouesses amoureuses de Boin et les déceptions de la taupe.

Mais celle-ci ne perdit pas le fil de sa complainte. Elle poursuivit :

— Il m'a séduite par sa disponibilité et son grand cœur. Il m'a entraînée dans son terrier, nous nous y sommes aimés et avons donné libre cours à nos instincts libidinaux. La fraîcheur des eaux du marigot qui s'engouffraient dans cette aile souterraine du terrier éveillait nos désirs et nous nous laissions vivre ces instants sublimes du paradis souterrain. C'était merveilleux de vivre cette saison…

— Pourrais-tu m'y conduire ? Coupa le chat.

— Puis un jour, plus de Boin. Il ne venait plus me chercher, il a brisé mon cœur.

Le chat se résigna à l'écouter vider son ventre de ses jérémiades d'amoureuse déçue. Elle versa quelques larmes et s'étant consolée, leva enfin les yeux.

— Pourrais-tu me conduire à cette artère souterraine par laquelle Boin s'abreuve ? interrogea le chat.

— Bien sûr !

— Allons-y donc, s'empressa de répliquer le chat.

— Non, coupa la taupe. Je ne travaille jamais sans salaire.

Le chat rentra illico pour faire des provisions qu'il apporta à son adjuvante, désormais sûr de tenir sa proie dans les instants qui suivront. Mais à son absence, la taupe fit incursion dans les terriers de Boin pour le prévenir :

« Boin, la mort est à tes portes,
Le chat est à tes trousses.
Si le monde n'était peuplé que d'êtres méchants,
Je t'aurais laissé constituer le souper du chat.
Mais il existe des êtres, encore sous le soleil
Qui ne répondent pas à la haine par la haine.
Il existe des êtres, encore sous le soleil
Qui pardonnent aux autres leur méchanceté.

Sors et sauve-toi
Car le chat arrive, la mort dans son balluchon »

La taupe n'eut achevé son propos que Boin se sauva dans la nature. Elle y guida ensuite le chat qui par son flair reconnu que son débiteur y avait effectivement été le jour même.

Chapitre XI

Boin s'inquiète

La menace est réelle et Boin qui a été sauvé de justesse par son ancienne maîtresse se mit à l'idée de chercher une solution auprès de son ami, le corbeau.

Il n'attendit pas le lever du jour pour se rendre au vidoir où les filles de l'homme venaient, tous les matins, jeter les ordures des ménages quotidiens de Guinwloh. Il se hissa dans un bosquet et se tint en éveil. Il ne devait être aperçu de personne. La prudence devint une règle d'or à laquelle il tenait comme à la prunelle de ses yeux. Les filles de l'homme vinrent en file, la plus grande fermant la marche. Elles vidèrent leurs charges et s'en allèrent sans avoir prospecté le voisinage. Aussitôt descendit le corbeau en chantant :

« Dieu nous a créés bien différents.
Il a emprisonné le crocodile dans le fleuve
Il a retenu le bœuf sur la verdure
Mais il m'a élevé au-dessus de tous
Il me donne les restes de la maison de l'homme
Et m'épargne la lourde peine du travail »

Depuis le bosquet Boin regarda autour du vidoir et s'assura qu'il n'y avait que le corbeau. Il en sortit et héla :

« Corbeau, corbeau…

— Boin ? Où étais-tu passé ?

— Corbeau, j'ai des problèmes, aussi nombreux que des magnans dans une fourmilière.

— Tes épouses sont-elles en querelle ? demanda le corbeau, moqueur.

— Non, je n'aurais rien fait d'autre que les laisser se mesurer les muscles, si c'en était le cas. S'il te plait aide-moi à rembourser au chat le panier de graines d'arachide que je lui dois. Il est devenu si menaçant que la paix a quitté mon cœur, supplia Boin.

— Je suis peiné de t'entendre parler ainsi. Je t'aurais tiré d'affaire si tu étais venu me voir plutôt. La veille j'ai prêté à des amis, céréales et tubercules. Mon grenier s'est vidé. Je suis peiné que je ne puisse pas aider mon plus gentil ami.

Boin laissa échapper des couinements d'angoisse que le corbeau ne comprit pas clairement puis disparut dans la broussaille. Le corbeau ne pensa plus à se remplir la bedaine. En quelques battements d'ailes, il rejoignit la gent ailée dans le fromager qui servait de lieu de repos à la communauté.

« Zièdjoh ! annonça-t-il son arrivée.

— Qu'y a-t-il encore ? demanda le calao. Ne nous fais pas languir s'il te plaît, dépêche-toi de parler.

Par les hyperboles dont seuls les railleurs ont le secret, le corbeau narra son entretien avec Boin :

— Le très honorable Boin, l'amant de toutes les belles filles des pays de Dêbantouo, était là, prosterné à mes pieds, me suppliant de lui donner des graines d'arachide pour faire face à son intrépide créancier de chat.

— Zièdjoh ! avaient répondu les oiseaux en chœur.

— Il pleura tant et si bien que je fus obligé de vider mes greniers, termina le corbeau dans un craillement nasal.

— Tu as mal agi, carcailla de colère la caille. Le malheur seul peut enseigner notre cher Boin. Quand sera réglé ce souci, il s'en nouera un autre et viendra plaider réconfort. Retourne chercher tes graines, elles te serviront.

— Mon cœur n'aurait jamais eu de paix si je n'avais agi de la sorte, termina le corbeau.

— L'on soigne une maladie, mais une mauvaise habitude ne se guérit que par le malheur, répliqua la caille. »

On commenta longuement et on injuria Boin par tous les mots dépréciatifs. On s'étonna qu'il ait vidé ses champs en si peu de temps. Et tous jurèrent n'avoir jamais fait la même bêtise que lui. Quand le calme revint, le rossignol prit la parole pour révéler les glorieux épisodes de la vie de Boin. Et tous l'écoutèrent :

« Mes nids sont pleins de céréales et de diverses graines. J'ai fait fortune grâce aux services que j'ai rendus à Boin. Tous les matins, je l'accompagnais dans ses conquêtes amoureuses. Il me disait qu'un mâle sans maîtresses est un zèbre sans rayures. Il faisait de grands dons à toutes celles qu'il convoitait et je leur chantais des aubades pour célébrer leur beauté et la générosité de Boin. Il distribuait des graines et des céréales en grande quantité. Neuf cent soixante-dix graines par-ci, huit cent soixante-dix-huit par-là. Tout le monde en recevait, aussi bien les destinataires que les porteurs et les passants. L'on applaudissait Boin de partout. Puis un jour, quand il se rendit compte qu'il n'avait plus rien pour payer, il me remercia.

— Mon cher rossignol se décida à roucouler le pigeon, tu n'aurais jamais dû laisser Boin continuer longtemps cette folie. Quand quelqu'un ne sait pas dire qu'il est rassasié, il faut attraper sa main.

— Boin n'est plus un souriceau à qui l'on doit montrer le chemin de ses terriers, cacaba la perdrix. Ses nombreuses maîtresses l'ont fui tout naturellement…

— Non, c'est plutôt lui qui les a fuies. Il veut sans doute préserver son honneur et le mythe de sa fortune. C'est pourtant le temps des amours. Les récoltes étant terminées, toutes les peuplades de Dêbantouo sont disposées à la fête ».

Boin à qui il fallait une solution, coûte que coûte, pensa à emprunter des graines à Zbêhi-koyri, la dernière fille du cobaye qu'il avait épousée en secondes noces et qui le quitta, aussitôt la pauvreté venue. Il arpenta les monts, chuta dans les ravins et s'engouffra dans les vals pour aboutir au seuil du terrier du cobaye. Zbêhi-Koyri était là, prenant de l'air par une embrasure qui donnait sur l'autre rive du marigot.

Boin salua, la tête baissée, n'ayant pas eu le courage de dominer sa honte. Zbêhi-Koyri répondit avec mépris. Cela n'empêcha pas l'hôte d'exposer son affliction.

« Secours-moi, je t'en prie. Je dois des graines d'arachide au chat, il est devenu si furieux qu'il ne me laissera pas vivant quand nos chemins se croisent.

— Tu aurais dû y penser quand tu te faisais passer pour le mâle le plus beau et le plus viril de Dêbantouo. Boin, tu m'as brisé le cœur. Je t'ai aimé sans réserve, mais tu t'es joué de mon amour. Quand la fortune a franchi le seuil de ta porte, tu m'as abandonnée à la solitude. Et de jour comme de nuit, la solitude fut ma compagne. Si j'avais su que tu étais ainsi, je ne t'aurais jamais aimé. Aujourd'hui, je suis la risée de tous. L'on me dit que je suis incapable de tenir un foyer. Et mon cœur pleure d'amertume et de chagrin, termina-t-elle en pleurs.

— Je suis aussi meurtri que toi. Les regrets me dévorent et en mes veines coulent des vagues de componction. Je ne peux expliquer ce qui m'a poussé à abandonner celle que mon cœur a toujours estimée. Un jeteur de sort a sans doute agité mes convoitises. Maintenant j'ai décrotté mon âme, je l'ai assainie, je l'ai purifiée et mon cœur est revenu à celle qu'il a aimée à jamais.

— Par une fois, l'on peut se leurrer, mais pas par deux fois. Tes chicotements sont aujourd'hui un appel du malheur à mes oreilles, ajouta-t-elle.

— Mon affliction est grande, prête-moi quelques graines pour atténuer la colère du chat, supplia Boin.

— Retourne dans les bois, dans les tanières, dans les ravins et vallées, tu trouveras celles qui ont partagé ta fortune. Elles ont encore de l'affection pour toi, elles sauront te décharger de ton affliction.

— Zbêhi-koyri, ne t'obstine pas à repousser du pied la pirogue qui t'a déposée sur la berge. Tout ce que tu possèdes, tu le tiens de mes champs.

À ces mots, Zbêhi-koyri lui tourna le dos. Les choses les plus importantes se disent par le silence. Il s'en alla, confus. Il faut avoir beaucoup de chance pour rencontrer l'épouse idéale, avait-il pensé. Il comprit que lorsque tu portes quelqu'un toute la journée et que le soir venu, mort de fatigue, tu le traînes, il ne retiendra seulement que tu l'as traîné.

Il pensait encore à tous ces défilés que faisaient les parents de Zbêhi-koyri dans ses champs. Dès les premières récoltes, elle fit convoyer d'énormes charges de céréales dans les galeries de son père. Des fourmis avaient été payées pour la corvée. Elles travaillèrent des jours durant, au point que les cobayes se rendirent compte qu'ils avaient engrangé et stocké des vivres pour trois saisons. Le père cobaye vint le lendemain exprimer sa gratitude à son gendre pour ce précieux présent. Il multiplia compliments et éloges à l'endroit de Boin qui, bien que surpris, s'en félicita.

L'angoisse enfla et Boin n'ayant plus de solution s'étala dans un ravin pour pleurer à chaudes larmes. Il s'égosilla, pleura toutes les larmes de son corps et manqua de forces pour se relever. À ce moment passait Kêbê le singe. Il s'arrêta et l'aida à se mettre sur pattes. L'infortuné Boin partagea son affliction. D'un air détendu, le singe lui dit : « tu ne te donneras pas la mort pour une si minime incommodité. Passe me voir au crépuscule, je te ferai une bonne cargaison de divers fruits cueillis dans des régions lointaines, pour sûr, elles plairont au chat qui te remettra ta dette. »

Comme un damné à qui l'on ôtait son boulet, Boin sentit son âme ravaudée. Il ne rentra pas, mais courut tout droit chez la taupe à qui il relata sa conversation avec le singe. Pour terminer, il lui demanda d'aller dire au chat que ce soir-là, il recevra de succulents fruits de pays lointains qui lui feraient oublier son panier d'arachides.

Boin attendait que son interlocutrice accueille cette nouvelle avec joie mais la réponse de celle-ci le laissera perplexe :

« Mon cœur se noie dans la peine
Lorsque tu te frappes la poitrine pour une chimère.
Ce qui t'appartient, c'est ce que tes mains ont dompté.
Ce qui flâne encore sur le chemin de ta contrée
Pourrait arriver à ta demeure
Mais n'est pas encore ta propriété.
À l'âge adulte l'on ne doit pas avoir son destin
Logé dans les mains de l'autre.
Tu seras dans ses mains une feuille morte
Le vent te trainera jusque dans le lit de la rivière,
Et l'eau te mènera à la vitesse de sa force.
Au cœur de la forêt subsistent des arbres
Qui ne sont pas soumis aux humeurs de la pluie
Et dont les fruits défient la vigueur du soleil
Ils contenteront le chat par leur saveur.
Au temps du besoin, agite tes pattes.
Par la saison de disette appelle ta force.
Sors de tes terriers et gravis les montagnes,
Chasse le sommeil de tes yeux et redouble de
poigne »

Boin avait écouté les propos de la taupe avec un air désintéressé. Il décida d'aller attendre le crépuscule à l'orée de la contrée du singe.

Le soleil allait se terrer derrière les arbres, les oiseaux se taisaient un à un pour rejoindre leurs nids. Par un léger chicotement, Boin héla le singe. « La guenon et ses guenuches ont avalé à l'instant tous les fruits que j'avais. Reviens demain à l'aube, ta cargaison sera affrétée », lui annonça le singe.

La nuit a beau durer, le jour finira par se lever. Cette fois Boin fut contraint à la patience. Mais à un rendez-vous, succéda un autre, puis un troisième, puis de report en report, le singe vint à bout de la patience de Boin. Celui-ci se découragea et se résigna à sa vie de clandestin. Boin n'avait cependant cessé de penser aux mensonges du singe :

« La langue flatteuse est prompte à se délier.
En promesses elle est prolixe,
Douce est-elle à nos oreilles,
Et notre cœur se plait à la déguster.
Par dizaines tombent ceux qui croient aux
promesses des vantards,
Dans le fossé se perdent leurs espoirs.
Il n'y a aucun abri certain que le travail de nos
mains »

Chapitre XII

Le malheur entre à Dêbantouo

Dêbantouo vivait la veille du drame populaire qui instaurera bientôt l'inimitié entre tous les êtres. Les rapports qu'entretenaient toutes les espèces d'êtres vivants allaient désormais s'éroder. Ils seront à jamais sabordés par une dette à palabre par laquelle nul ne s'est senti concerné, en dehors du créancier et du débiteur. Ce soir-là, le soleil s'était couché plus tôt que d'habitude. L'on eut dit qu'il voulait se lever plus tôt le lendemain pour être le premier témoin de la nouvelle vie à Dêbantouo. L'atmosphère vespérale paraissait si lugubre que même les chouettes et les hiboux qui d'ordinaire livraient aux hommes un concert nocturne, retenaient leurs voix.

Et ce soir-là, Boin avait décidé de se cacher dans la case des fils de l'homme, non seulement pour échapper à la furie du chat, mais aussi pour profiter des restes d'aliments gardés dans la case, destinés à couper la faim d'éventuels étrangers de nuit. Tout dormait à Guinwloh. Seuls des insectes noctambules en quête de pitance sifflaient derrière les cases.

Dans le calme de la nuit, Boin demeurait prudemment accroché entre le toit de paille et les baguettes de bambou servant de charpente. C'est cette nuit-là qu'il avait rendez-vous avec le malheur. Le chat l'avait précédé dans la case des fils de l'homme et s'était incrusté dans un recoin. Le souffle retenu, il n'attirait l'attention de personne. Il savait que, démuni et affamé, Boin n'aurait d'autre alternative que de venir avaler les restes des mets cuits à la cour de Zingblôh.

À Guinwloh, tous les ans étaient moment d'abondance. L'homme s'était forgé avec du feu, des pierres, du bois et du fer, de nombreux outils dont il se servait pour cultiver la terre. Zingblôh avait enseigné à ses fils que le travail était d'une valeur inestimable. Il leur chantait des dizaines de fois le martyr de Dihon, la gracieuse déesse de la moisson :

> *« Parmi toutes les divinités créées par Dieu*
> *Pour être ses auxiliaires auprès des humains*
> *L'on comptait la belle et généreuse Dihon.*
> *Sa générosité était si grande*
> *Qu'elle décida de résider le plus près possible des humains,*
>
> *À la lisière de l'azur, au-dessus de leur tête.*
> *Tout leur était offert, des plus utiles aux plus futiles de leurs besoins*
>
> *Leur corps se rassasiait mais pas leur cœur.*
> *Ils en voulaient encore et encore.*
> *Et encore Dihon satisfaisait leurs désirs.*
> *Puis d'excès de joie, ils oublièrent Zion le Créateur ;*
> *Ils n'eurent d'égard que pour Dihon leur bienfaitrice.*

Les autres divinités complotèrent alors contre
Dihon,
Et violente comme une massue sur des têtes
dénudées,
Tomba la sentence de Zion le Créateur.
Appelée à d'autres fonctions, Dihon fut relayée par
Kuié, la déesse de la Misère

Ayant pensé au sort des pauvres humains,
Dihon ! Ô malheur ! Ô épouvante !
La généreuse déesse refusa sa révocation.
Elle connaissait les pratiques de Kuié la misère.
Dihon se réfugia dans le ventre de la terre.

D'une main de fer, Kuié régna sur le monde.
De maladie et de mort, elle combla les humains.
Aux enfants elle arracha père et mère,
Aux femmes elle arracha mari et fils,
Aux hommes elle arracha frères, fils et femmes.
Et se multiplièrent peines et souffrances
Par milliers se comptaient veufs, veuves et
orphelins.

Dans les cœurs des hommes Kuié sema la
polygamie.
La déesse de la Misère pencha les femmes vers
l'infidélité,
Et la jalousie gagna le cœur des cocus ;
Et le chagrin dépérit les hommes.
Et les querelles naquirent dans les couples,
Et les nuits devinrent froides et longues

Et Kuié corrompit la nature,
Pour que durcissent les rayons solaires,
S'assèchent les fleuves et fuient le gibier,
La misère était à son comble sur terre.

Dans le ventre de la terre Dihon se tordit
d'affliction.
Le sort des humains suscita sa compassion,
Et de sommeil, elle n'eut point des lunes durant.

Puis dans les ténèbres d'une nuit de fortes pluies et
de vents violents,
Où, de fatigue et de faim les humains étaient ivres
dans leurs cases,
Elle sortit s'accoupler avec le tonnerre qui, envoyé
par Zion le Créateur,
Visitait la surface de la terre avec sa voix
terrifiante
Qui se faisait entendre à l'Ouest quand il était
déjà à l'Est.
La splendide déesse n'eut point de peines à le
séduire
Car belle et grosse était-elle.
Par sa voix pure il fut tenté
Et sa peau gracieuse aiguisa ses désirs.

Dans ses gouffres souterrains de logis,
La généreuse déesse retourna porter sa grossesse.
En elle mûrit un dieu.

Et naquit Gla[2] du ventre de la terre.
Dans le bois et dans les airs, il erra.
Dans les monts il séjourna et dans les ravins il se
perdit.
Mais jamais ne le quitta le message
À lui confié par sa déesse de mère.

Puis au cours d'une légendaire partie de chasse;
Sêhi et Kpahé rencontrèrent Gla.
Affreux était-il, horrible était son visage,
Il portait la laideur de la bonté et de la générosité.
D'épouvante, les chasseurs furent saisis
Mais l'immobilité ne vainquit pas leur courage.
Ils firent voler leurs flèches à sa vue;
Le fils du tonnerre les saisit au vol.
Sêhi et Kpahé redoublèrent de courage et s'engagea
une lutte,
Elle fut si âpre que des feuilles vertes tombaient des
arbres.
La terre remua sous leurs pieds et des rochers
s'aplatirent.
Les insectes s'affolèrent et multiplièrent leurs
sifflements
La faune se réfugia et les sommets des monts
s'enflammèrent.
Mais tous s'épuisèrent à la tombée de la nuit.
Puis de part et d'autre, s'affaissèrent nos lutteurs.

---

[2]Gla désigne le masque. En pays wê, le masque n'est pas seulement l'objet des festivals, il «est un médiateur qui met l'homme en communion avec les ancêtres et Dieu» GNONSOA Angèle, *Le masque au cœur de la société wè*, Frat Mat Éditions, Abidjan, 2007, page 34

L'on se toisa avec méfiance et circonspection.
Et le vent des nuits, léger, doux et réparateur se
mit souffler.
Lui seul avait été témoin de l'acte qui engendra
le fils de Dihon
À Sêhi et Kpahé, il livra le secret :
Gla est le fils de Dihon, la généreuse déesse.
Et le cœur des chasseurs se contrit puis se réjouit.

Sêhi et Kpahé rentraient de nuit avec Gla,
Ils l'honorèrent et ne le laissèrent point à la portée
de tous.
Aux femmes on le cacha.
Depuis lors sa sacralité rythma leur vie ;
Et de toute connaissance il instruisit les hommes.
De la volonté de sa généreuse mère il leur fit cas.

Le fils de Dihon recommanda aux humains de
fouiller le sol,
La généreuse mère les y attendant, pour leur
bonheur.
Elle multipliera tous les tubercules et céréales qui
seront enfouis dans le sol.
À ceux qui ne s'épuiseront guère
Elle donnera des champs immenses.
Pour ceux qui n'auront pas consommé toute leur
récolte
Et qui lui retourneront tubercules et céréales.
Elle les multipliera en des quantités énormes.

Commença subséquemment le travail des champs.
On laboura le sol et on ensevelit les semences,

Dihon les multiplia comme promis.
Et la vie des hommes retrouva sa quiétude que
Kuié avait volée. Depuis lors, le travail agricole
entra dans les mœurs des humains. »

Zingblôh avait enseigné à ses fils toutes les paroles que Sêhi et Kpahé entendirent de la bouche du fils de Dihon. Ils comprirent la valeur du travail qui leur permit, tous les ans, de voir l'abondance les fréquenter. Et d'année en année les greniers ne désemplissaient pas à Guinwloh. En temps de sécheresse comme en temps de pluie la nourriture ne manquait point dans la maison de Zingblôh. Sous la force de ses membres, les forêts s'étaient muées en champs féconds. Il avait dompté insectes et rayons solaires, pour embrasser le travail.

Zingblôh défendit à ses fils toute forme de commerce. Pour lui, tout bénéfice n'était que ruse et duperie. « L'amour doit être le seul bien que vous donnerez aux autres. Derrière l'étranger se cache un message de Dihon, la belle et généreuse déesse », leur disait-il souvent.

Les animaux rodaient autour de Guinwloh toutes les nuits pour profiter des restes de la cuisine de l'homme.

Cette nuit, le chat était sûr de ne point manquer son coup. Il avait vu l'obscurité progressivement gagner la pièce. Et ses yeux s'étaient accoutumés à l'opacité du noir. Il pouvait alors distinguer tout élément nouveau dans la case.

Un à un, les fils de l'homme entraient. Ils activaient les fagots de bois embrasés qui servaient à éclairer la pièce. Rassasiés par un dîner aux allures orgiaques, ils s'enivraient de rires et d'acrobaties avant de s'oublier dans les bras du sommeil.

Enfin, tout dormait à Guinwloh, hormis Boin et son créancier. Des heures se succédèrent, une légère brise se fit ressentir dans le toit de paille. Elle donna des forces aux sens du chat qui vit au loin, Boin sortir de sa cachette. Il retint son souffle. Deux petites boules ovales distinctes dans la pénombre illuminaient un visage anxieux. Puis deux pattes, puis quatre, se lançaient à pas modérés au milieu de la pièce.

Le chat se tint sur ses pattes, prêt à bondir. Mais il ne fallait pas manquer sa cible. Il se ravisa, observa à nouveau. Boin avançait parcimonieusement. À chacun de ses pas précédait une prospection par reniflements. Il dirigeait son long museau dans tous les sens de la case. Aucune trace de chat mais une vague senteur de feuilles d'iroko. Le chat avait pris le soin de se frotter dans les feuilles d'iroko pour camoufler son odeur corporelle. Il savait l'odorat de Boin très aiguisé.

Au bout de quelques instants, Boin baissa la garde. Il fouina dans les calebasses les unes après les autres, cherchant à satisfaire ses préférences alimentaires. Il trouva enfin. Boin se lava les pattes postérieures en silence et s'attabla. Mais à peine prit-il la position idéale pour se restaurer que le chat bondit avec la finesse d'un félin à l'affût. Boin esquiva quasiment, sauvant de justesse sa tête et son tronc. Sa queue n'eut pas le même sort et gligligli ! Les deux bêtes s'enlisaient dans une lutte qui mit sens dessus dessous la case des fils de l'homme.

Boin se débattit assez longtemps pour retirer sa queue des griffes du chat. Il s'en sortit avec des blessures. Pendant ce temps, des étincelles jaillirent des braises presqu'éteintes qui servaient à éclairer la pièce, et se logèrent dans la toiture de paille rudement réchauffée par le soleil de la journée. Le feu prit et les deux bêtes se sauvèrent.

Une ombre compacte dominait encore Guinwlôh. Le règne de la nuit tardait à s'achever. Mais déjà Zingblôh avait ouvert les yeux. C'était l'heure propice, à laquelle il méditait sur les constances et les vicissitudes de la vie de l'homme. À cette heure il était déjà réveillé et mûrissait des desseins optimistes pour le futur de sa progéniture. À cette heure-là, il parlait à Dieu. L'odeur de la paille en feu l'arracha à ses méditations. Il se dirigea vers la case de ses fils et vit sortir Boin, la queue ensanglantée. Le chat suivit. « Zièdjôh ! » cria l'homme. Il réalisa que l'histoire de la dette venait de se solder par la bataille qui a incendié la case de ses fils. L'homme entra dans la case déjà en fumée. La tristesse et les remords gagnèrent son cœur. Il s'en voulait de n'avoir pas soumis Boin à des corvées pour rembourser au chat ses graines d'arachide.

Un par un, il réveilla ses fils toujours endormis. Il leur cria avec force et empressement :

« Levez-vous, le chat n'ayant eu de médiateur dans l'histoire de la dette qui le lie à Boin, s'est résolu à l'attaquer. Leur bataille a mis le feu à votre case ».

Ils prirent tous la porte en file, leur père se tenant à la queue pour s'assurer que tous ses fils étaient hors de danger. La fumée devint si intense que seuls les fils de l'homme purent accéder à la porte.

Chapitre XIII

Le début du chaos

Les oiseaux de Dêbantouo s'étaient passé la nouvelle de la tragédie et avaient tu leur chœur matinal. Le soleil vint aussi compatir à la douleur des fils de l'homme. Ce matin-là il atténua l'ardeur de ses rayons. Le vent porta sur ses grandes ailes la triste nouvelle si bien que tous les pays de Dêbantouo en furent informés. L'on vint de partout rendre hommage à l'illustre Zingblôh qui s'en allait dans le monde de la félicité éternelle. Dêbantouo avait connu des pertes innombrables mais celle de Zingblôh était particulièrement insupportable.

Comme une fourmilière, le pays de l'homme se remplit de monde. L'on vint de contrées lointaines de Dêbantouo pour rendre à Zingblôh l'ultime hommage. Les fils de l'homme voulurent commencer par offrir à leurs visiteurs, la chair du coq. Ils se mirent aux trousses du coq. Quand les fils de l'homme se trouvèrent nez à nez avec celui-ci, ils lui dirent :

« Le chat n'ayant eu de médiateur dans l'histoire de la dette qui le lie à Boin, s'est résolu à l'attaquer. Leur bataille a mis le feu à notre case. Notre père entra dans la case déjà en fumée et un par un, il nous réveilla. Nous prîmes tous la porte en file, notre père se tenant à la queue, pour s'assurer que nous étions tous hors de danger. La fumée devint si intense qu'il ne put accéder à la porte.

— Zièdjoh ! répondit le coq.

— Nous te mettrons à mort pour nourrir nos hôtes.

— Zièdjoh ! Avez-vous bien réfléchi, jeunes gens ? Avez-vous bien réfléchi ? Une terre sans coq est un fût percé qui ne peut recueillir le bonheur. Depuis toujours je me suis évertué à appeler le soleil, les matins, pour que s'éclairent les pays de Dêbantouo.

— Quand il n'y a plus d'adultes dans le village, la calvitie s'installe sur la tête des enfants. Le plus éveillé des poussins que tu laisseras, chantera l'ode matinale qui attire le soleil, répondirent les fils de l'homme. »

Vrrrrrrr ! Le coq s'envola, se posa sur une branche d'arbre et se mit à rire. Les fils de l'homme ne s'en ravisaient pas. Ils lui crièrent :

« Lorsqu'en une nuit de forte tempête,
La foudre vint enflammer la cime des arbres
Seul Zingblôh, notre père, eut le courage,
Au moment où tous se cachèrent de peur,
De gravir monts, vallées et arbres
Pour aller chercher le feu offert à l'humanité par
Dieu.
Nous sommes Klêdy, nous sommes fils de Zingblôh
Notre force est dans le savoir que nous héritons de
lui
Notre union renversera les montagnes
Aucune difficulté ne viendra à bout de notre
détermination »

Ils grimpèrent aussitôt. Mais la gymnastique du coq ne s'arrêta pas. D'un coup d'ailes il s'enfuit dans la broussaille. Les fils de l'homme organisèrent une battue en chanson rythmée par bois et taillis :

« La mort n'a jamais été acceptée.
La vie aurait été pénible,
Les grains arriveraient à disparaitre,
La maladie aurait dévoré notre chair,
Jamais l'on n'acceptera la mort.
Il n'y a pas de poulailler dans la jungle
Gobioh le coq et les siens ont choisi de ne point
vivre en forêt
Il viendra et nous le prendrons »

Puis au bout d'une heure de chasse, ils mirent la main sur le coq. Gobioh pleura et supplia, mais l'on lui rappela son orgueil qui ôtait la pitié des cœurs. De somptueux mets sont servis aux plus illustres des visiteurs.

Les funérailles de Zingblôh avaient donc bien commencé. Des étrangers affluèrent de toute part. Les fils de l'homme résolurent de mettre à mort le bœuf, l'animal le plus dodu qui se trouvait à proximité de Guinwlôh. Ils se rendirent dans sa contrée et le trouvèrent, insouciant comme d'ordinaire. Il avait dans sa panse de quoi ruminer le jour suivant. Ils l'informèrent de leur intention :

« Le chat n'ayant eu de médiateur dans l'histoire de la dette qui le lie à Boin, s'est résolu à l'attaquer. Leur bataille a mis le feu à notre case. Notre père entra dans la case déjà en fumée et un par un, il nous réveilla. Nous prîmes tous la porte en file, notre père se tenant à la queue, pour s'assurer que nous étions tous hors de danger. Mais la fumée devint si intense qu'il ne put accéder à la porte.

— Zièdjoh ! répondit le bœuf

—   Nous te mettrons à mort pour nourrir tous ceux qui viennent honorer la mémoire de Zingblôh, notre père.

— Zièdjoh ! Avez-vous bien réfléchi, jeunes gens ? Avez-vous bien réfléchi ? Quand il n'y aura plus de taureau pour monter la vache, le délicieux lait qui soulage vos panses manquera.

— Les veaux que tu laisses sont destinés à devenir des taureaux. Pour l'heure, nos femmes auront suffisamment de lait pour nos nouveau-nés. Nous nous contenterons, nous autres, des mets de manioc et de riz. »

Ils empoignèrent taureau et vache, et gligligli ! La lutte débuta. La sueur coula en abondance, la morve suivit. Les corps s'épuisèrent, mais les cœurs restèrent vaillants. On lutta encore de jour et de nuit. La victoire vint à l'aube. Les jeunes gens tinrent les mammifères par les cornes et les conduisirent à Guinwlôh. Des cris de joie les accueillirent :

« Tahamanhan, tahamanhan !
À l'homme nul n'est comparable.
Sa force lui donne le pouvoir
Et son intelligence lui donne la gloire.
Le bonheur vient de son intelligence
Et l'homme reste supérieur à toute créature

On pensa à boire. Que sont des funérailles sans ivresse à Guinwlôh ? L'on pensa à Glahozan. Pour les obsèques de Zinglôh, l'on sollicita son concours. Au petit matin, il se fit accompagner de deux adolescents, Douê et Bobah. Ils arrivèrent à Drovin, la contrée du palmier à qui ils annoncèrent :

« Le chat n'ayant pas eu de médiateur dans l'histoire de la dette qui le lie à Boin, s'est résolu à l'attaquer. Leur bataille a mis le feu à la case des fils de l'homme. Le père entra dans la case déjà en fumée et un par un, réveilla ses fils. Ils prirent la porte en file, le père se tenant à la queue pour s'assurer que tous ses fils étaient hors de danger. La fumée devint si intense que le père ne put accéder à la porte.

— Zièdjoh ! répondit le palmier.

— Nous te mettrons à mort pour faire de ta sève un vin que tous ceux qui viennent honorer la mémoire de l'homme dégusteront avec envie et gourmandise.

— Zièdjoh ! »

Le palmier savait que Glahozan, l'ingénieux chasseur de Mlianwazrou était aussi un bon chanteur. C'est donc en chanson qu'il décida de mener sa plaidoirie :

« Réfléchis bien, ô Glahozan ! Réfléchis bien ;
Dans les mémoires des fils de Mlianwazrouh,
Ta voix splendide restera à jamais gravée ;
Et des vagues de générations garderont le souvenir
de tes chants.

Réfléchis bien, ô Glahozan ! Réfléchis bien ;
Quand dans le sous-bois, tes fils et filles
Auront fièrement bravé l'épreuve du couteau,
L'huile rouge, pour garnir leurs repas, manquera.

Quand les mânes de tes ancêtres te combleront de
grands biens,
L'huile rouge, pour leur témoigner ta gratitude,
manquera.
Quand de colère ils te menaceront,
L'huile rouge, pour apaiser leur courroux,
manquera.
Quand la passion amoureuse consumera la jeune
femme de ta maison,
L'huile rouge, pour parfumer les mets de son
amoureux, manquera.

Quand de la forêt reviendront tes jeunes gens
initiés et entraînés à la vie,
Les palmes, pour couvrir leurs habitations
nouvelles, manqueront
Réfléchis bien, ô Glahozan ! Réfléchis bien »

Glahozan ne put répondre que par la chanson, lui dont le légendaire talent était su de tous, sous le ciel de Dêbantouo. Il entonna :

« La vie s'arrêtait-elle à la disparition d'un seul
palmier ?
La chaîne de l'existence se romprait-elle aussi
subitement ?
Quand un soleil meurt le soir,

Au matin un autre renaît.
Et quand au matin une lune fond dans la clarté du
ciel
Une autre se reconstitue le soir, plus vive et plus
brillante.

Les graines que tu as laissées à la terre, les saisons
passées
Deviennent à présent de jeunes plants prêts pour
la réserve.
L'instant vaut les sacrifices,
L'avenir est le privilège de Dieu, le créateur »

La réponse de Glahozan était rythmée à la cadence de la castagnette, instrument dont il ne se séparait jamais. Le palmier plongea dans un long rire moqueur avant de rétorquer sereinement :

« Est-ce là le fruit de ta réflexion, Glahozan ?
Fils de Flêowazrouh, fils de Gblaowagohoubly, fils
de Wibiwataréwla, fils de Daowabandjéhi, fils de
Kohouwédjao, fils de Sohoublymayébly,
Est-ce là le fruit de ta réflexion, Glahozan ?
Tes lendemains sont immolés à l'autel de ton
instinct festif,
Aujourd'hui s'évanouit le futur de tes fils,
Et mille générations payeront pour ton éphémère
hilarité.
Est-ce là le fruit de ta réflexion, Glahozan ? »

Le soleil devenait de plus en plus vif et ses rayons commençaient à se faire ressentir. Ainsi Glahozan et ses compagnons portèrent-ils pendant longtemps de violents coups au palmier qui s'écroula avec d'impressionnants bruits. Le palmier était fauché, entraînant avec lui, serpents, écureuils et fougères.

Au soir, ils rentrèrent avec le succulent vin de palme. Le vin n'était pas véritablement doux. Il ne calmait pas non plus la faim. Mais les vulgaires propos de ses consommateurs émus et les visages ravissants des jeunes filles qui le servaient, le rendaient somptueux aux palais. Et l'on but encore jusqu'à s'enivrer, et les rires fusèrent dans la communauté des hommes. Dès les premières gorgées, l'on se surprit à une joie indescriptible. Ensuite aux secondes gorgées, tous se mirent à narrer leurs exploits quotidiens.

Les hommes avaient tout donné pour que les obsèques de Zinglôh soient une grande fête. Un air d'émulation s'empara des femmes. Équipées de nasses, elles fondirent dans le marigot où elles se livrèrent à une grande pêche rythmée par des chœurs folkloriques :

« Awôni, awôni awôni baha nié wlôh.
Des tranches de manioc seront moulues par notre force.
Notre amour accompagnera les mets que nous cuirons.
À notre bonté culinaire,
Répondra, la nuit venue, une récompense indescriptible.
Et nos cœurs s'égareront en allégresse à l'aube
Awôni, awôni awôni baha nié wlôh »

Elles trouvèrent le silure à qui elles annoncèrent la triste nouvelle :

« Le chat n'ayant pas eu de médiateur dans l'histoire de la dette qui le lie à Boin, s'est résolu à l'attaquer. Leur bataille a mis le feu à la case des fils de l'homme. Le père entra dans la case déjà en fumée et un par un, réveilla tous ses fils. Ils prirent la porte en file, le père se tenant à la queue pour s'assurer que tous ses fils étaient hors de danger. La fumée devint si intense que le père ne put accéder à la porte.

— Zièdjoh ! répondit le silure.

— Nous passerons le marigot à la nasse pour nourrir tous ceux qui viennent honorer la mémoire de l'homme.

— Zièdjoh ! Avez-vous bien réfléchi ? Femmes, avez-vous bien réfléchi ? demanda le silure. Et les femmes répondirent en chœur :

« Parmi nous a vécu *la réflexion,*
Elle s'est parée de ses habits des plus beaux jours,
Elle a tenté de séduire tous les peuples de
Dêbantouo,
Mais nul ne l'a épousée.
Les uns se dirent supérieurs aux autres
Et nul ne se plia pour l'autre
Le malheur frappe toujours le solitaire
Et les pleurs ne manquent pas dans la case de celui
qui s'isole.
La peine en société est vite atténuée
Parmi nous a vécu la réflexion
Mais, refoulée, elle s'en est allée de honte »

— Sélectionnez tout au moins vos cibles et laissez-moi la vie sauve, plaida désespérément le silure.

— Nous frapperons dans le tas et Dieu épargnera celui qu'il voudra »

Elles descendirent dans le lit du marigot et le chœur reprit de plus belle.

« Awôni, awôni awôni baha nié wlôh.
Des tranches de manioc seront moulues par notre force
Notre amour accompagnera les mets que nous cuirons
À notre bonté culinaire
Répondra, la nuit venue, une récompense indescriptible
Et nos cœurs s'égareront en allégresse à l'aube.
Awôni, awôni awôni baha nié wlôh »

Les eaux agitèrent leurs pagnes de raphia fin et les habitants du marigot se perdirent à observer les rondeurs des belles femmes de Dêbantouo. Ils furent pris au piège de leurs vicieux désirs. Les nasses se remplirent alors de poissons, de crabes et de crevettes.

L'on se rassasia de mets et de vin, et les cœurs s'apaisèrent.

Boin et le chat se jurèrent guerre et inimitié tout le reste de leur vie. Les rapports entre toutes les créatures furent bouleversés dès la tragique disparition de l'homme qui censurait les ardeurs des prédateurs. Le chat décida de rester auprès des fils de l'homme pour leur apporter éternellement consolation. Il ne permet plus depuis cet instant que Boin s'approche de ceux-ci. Et les fils de l'homme aimèrent le chat et les chattes, ils haïrent les souris et gardaient pour toujours le souvenir de leur illustre père.

Épilogue

Que l'on taise le cor, les tambours, les castagnettes
et les rires !
Le sourire a quitté nos lèvres,
Nos cœurs sont enveloppés par l'amertume.

Dêbantouo ! Dêbantouo ! Dêbantouo !
Royaume du sens dévasté
Ton égoïsme t'a perdu.
Quand des torrents d'eau se déversent dans le
fleuve,
Tu ris du poisson qui se noie.
Quand le feu embrase les plantes des champs
Tu ris du criquet qui rôtit.

Dêbantouo ! Dêbantouo ! Dêbantouo !
Pays des drames interminables
À quand l'union, à quand la solidarité ?
Lorsque si puissant était le coq
Et qu'à lui tous étaient soumis
Craignant d'être cuits à la flamme qu'il porte sur
sa tête,

Dêbantouo ! Dêbantouo ! Dêbantouo !
Il s'est réjoui de ton égoïsme.
Il a assiégé la contrée du léopard,
Le lion a ri et la hyène a été indifférente.

Il a assiégé la contrée du lion
L'aigle a ri et le cheval est resté indifférent.
Il a assiégé la contrée de l'aigle
L'éléphant a ri et l'épervier est resté indifférent.
Il a assiégé la contrée de l'éléphant
Il y a installé un coquelet au bec tordu et au cœur
monstrueux
Qui vint avec une poulette blanche et pâle.

Dêbantouo ! Dêbantouo ! Dêbantouo !
Quand tes fils apprendront à vivre les uns pour les
autres
Germeront sur tes arbres mille belles fleurs
Et à nouveau le ciel reviendra à portée de tes mains
Ainsi à tes goûts cueilleras-tu

Dêbantouo ! Dêbantouo ! Dêbantouo !
Apprends dès à présent que les créatures de Dieu
sont toutes liées.
Les unes vivant pour les autres.
La vie s'arrête quand prospère l'égoïsme.

Dêbantouo ! Dêbantouo ! Dêbantouo !
Derrière le malheur de l'autre se cache la perte de
tous.

Que l'on taise le cor, les tambours, les castagnettes
et les rires !
Le sourire a quitté nos lèvres.

Table des matières

Réalisation des maquettes : GNK Editions

09 BP 3232 ABIDJAN 09
TEL : (+225) 0757449900
Site : www.gnk-editions.com

ISBN papier : 978-2-37806-334-4
ISBN pdf : 978-2-37806-335-1
ISBN epub : 978-2-37806-336-8

Imprimé en Côte d'Ivoire par **GNK Impression**
gnk.impression@gmail.com/ (+225) 0757449900
Dépôt légal N° 17483 du 17 Mai 2021
2e Trimestre 2021